Nodi

I edizionc: giugno 2021

Castelvecchi è un marchio di Lit Edizioni s.a.s.
Sede operativa: Via Isonzo 34, 00198 Roma
Tel. 06.8412007
info@castelvecchieditore.com
www.castelvecchieditore.com

ristampa	anno
8 7 6 5 4 3 2 1	2021 2022 2023 2024

Quaderni dell'Officina dei Saperi

CONTRONARRAZIONI

Per una critica sociale delle narrazioni tossiche

A cura di Tiziana Drago, Enzo Scandurra
Prefazione di Piero Bevilacqua

Testi di
Abati, Agostini, Angelucci, Aragno, Bevilacqua, Budini Gattai, Cingari, Drago, Ferri, Fiorentini, Lorenzoni, Marchetti, Masulli, Novelli, Pazzagli, Sangineto, Scandurra, Toscani, Vacchelli, Vavalà, Vitale, Ziparo

CASTELVECCHI

Alla memoria di Franco Cassano
che seppe immaginare il Sud
così com'è
e non come ci è stato raccontato

Prefazione[1]

di Piero Bevilacqua

Perché oggi è diventato necessario mettere insieme un gruppo di intellettuali impegnato a smontare stereotipi, pregiudizi, luoghi comuni, deliberate menzogne? In Italia, per la verità, non è la prima volta che accade. Già l'editore Laterza, tre anni fa, aveva sentito la necessità di compiere una simile operazione, per aggredire, con le armi della critica di vari specialisti, il vasto repertorio di pregiudizi che nel nostro tempo deformano la percezione della vita reale, addensano convinzioni fasulle, solidificano atteggiamenti infondati, spesso originando comportamenti che incidono gravemente sulla vita sociale[2]. Ma negli ultimi anni è accaduto qualcosa di nuovo che induce a ritornare sul fronte della critica non solo per mettere in discussione nuovi e agguerriti stereotipi, ma per colpire la loro esorbitante incidenza nella vita collettiva, arginare lo straripare di costrutti narrativi, che oltre a essere diventati agenti politici di primo piano ormai, al riparo delle armi della critica un tempo messe in campo dai grandi partiti popolari, sono arrivati al punto di armare la *loro critica,* cioè di trasformare in violenza armata i loro convincimenti falsi e indimostrati. A tal fine trovano spazio e utilità interventi brevi di de-

1 I testi qui raccolti testimoniano le ore di discussione condivise tra i partecipanti all'Officina dei Saperi, un'eccezionale esperienza di condivisione e di lotta, ramificata in tutta Italia lungo le arterie di decine di incontri, centinaia di telefonate, migliaia di email.

2 AA. VV., *Il pregiudizio universale. Un catalogo d'autore di pregiudizi e luoghi comuni*, Laterza, 2018.

mistificazione, che demoliscano leggende e false notizie, destinate a un largo pubblico, quali strumenti "militanti" di controinformazione. È il fine specifico di questo agile testo che coinvolge diverse figure di studiosi accomunati da una lunga frequentazione intellettuale nel sito dell'Officina dei Saperi.

È evidente e ovvio che ciò che almeno per tutta l'età contemporanea abbiamo definito pregiudizi ha alle spalle una storia millenaria. Lo stesso termine, che ha goduto di tanta fortuna nel linguaggio corrente e letterario, sta quasi a indicare una naturale attitudine umana dell'Homo sapiens sapiens a farsi una opinione dei fenomeni e dei fatti reali, prima ancora che su di essi abbia esercitato una qualche forma di riflessione critica, di dubbio, di verifica. Del resto la stessa manifestazione della vita reale, i fenomeni del mondo fisico sono di tale complessità che per millenni l'umanità ha vissuto immersa in visioni impressionistiche che rovesciavano la realtà dell'esistente. La percezione visiva che il sole girasse intorno alla Terra è stata la convinzione che più a lungo ha fornito alle comunità umane un senso rassicurante alla ragione dell'alternarsi del giorno e della notte e al moto degli astri. E del resto un vero universo di superstizioni ha fornito non solo le chiavi per interpretare fenomeni che soltanto la scienza avrebbe più tardi chiarito, ma ha formato anche il sostrato di culture capaci di arricchire di senso le ragioni dello stare al mondo delle popolazioni sparse per il pianeta. Per secoli e ancora oggi operano nella mente umana meccanismi di ricezione della realtà e disposizioni alla credenza inverificata, di fatti e fenomeni, che il progredire della scienza e della cultura ha limitato e ristretto, ma non ha sicuramente eliminato. Basti pensare che ancora oggi, anno di grazia 2021, esistono, sparse nei vari continenti, centinaia di migliaia di persone che non credono nella sfericità della Terra e la reputano un pianeta piatto. Una convinzione che resiste a quasi cinque secoli di studi astronomici, dopo Copernico e Galileo, all'edificio monumentale della fisica contemporanea, allo sbarco sulla luna, all'immagine quotidiana dei satelliti.

Ma è proprio questa inestirpabile attitudine umana alla credenza inverificata, alla persuasione più rassicurante, o più confacente alla propria soggettività, esperienza personale, alle proprie nevrosi, che fa del pregiudizio un inquietante fenomeno evolutivo, capace di esiti di vasta portata e imprevedibili, in grado di trasformarsi e di trovare nuove forme di svolgimento e attivazione anche nelle società più avanzate. E infatti quelle che un tempo costituivano l'enciclopedia mitologica delle superstizioni, vale a dire il multiforme corredo delle credenze popolari, l'intelaiatura di quella che chiamiamo mentalità – e che Fernand Braudel definiva «la più tenace delle strutture», per indicare la forza della sua permanenza nel tempo – si sono come dinamicizzate per effetto della rivoluzione informatica dei mezzi di comunicazione, per il rilievo globale di massa delle informazioni, per il peso politico che l'informazione quotidiana è venuta ad assumere.

Non è qui la sede per una riflessione sistematica sulle ragioni storiche che hanno trasformato anche tranquilli e vecchi stereotipi in comportamenti sociali estremisti o devianti, in materia e strumenti di lotta politica, o addirittura in giustificazione di atti ostili e violenti. La cosiddetta modernità, la spiritualità dell'età contemporanea è come esplosa in una nebulosa confusa e indistinta dove certezze e valori si sono come dissolti e svaporati. È accaduto alle convinzioni morali ciò che Marx ed Engels avevano preconizzato nelle prime pagine del *Manifesto del partito comunista* nel 1848, ciò a cui Nietzsche aveva dato l'espressione della "morte di Dio", cioè la dissoluzione del legami e di tutti i valori che per millenni avevano regolato i rapporti umani, insomma i caratteri della "società liquida" cui Zygmunt Bauman aveva dedicato gli studi della sua vecchiaia. È in questo contesto psicologico alquanto terremotato della modernità, sempre più manipolato dalle incursioni pubblicitarie, alterato dal peso che la realtà virtuale ha nella vita quotidiana, che le credenze certe, criticamente fondate, frutto di riflessione e studio hanno perso credito, peso, influenza, legittimità. La verità – quella convinzione che riceveva una larga condivisione generale e orientava una vasta parte dell'opinione pubblica – ha perso il suo valore assoluto, è caduta in balia delle opinioni, divenute rapidamente cangianti, come i fenomeni della moda, costretti a ritmi frenetici di innovazione dall'obsolescenza programmata delle merci.

Nell'epoca dominata dalla tecnoscienza e dai suoi strabilianti strumentari quotidiani, i vecchi pregiudizi acquistano oggi una nuova e paradossale vitalità e funzione politica, per almeno tre ragioni, inestricabilmente intrecciate, e che costituiscono alla fine alcuni caratteri peculiari della nostra epoca.

La prima di esse è sotto i nostri occhi nell'esperienza ormai routinaria di tutti i giorni: la straripante abbondanza delle notizie che invadono la vita quotidiana, quasi completamente assorbita in attività di lavoro e di consumo, le quali assediano la mente con un flusso ininterrotto di informazioni, privandola del tempo per una loro disamina e rielaborazione. La riflessione criticamente vagliata su un evento, un problema, un processo, non gode più del tempo necessario per esercitarsi come accadeva un tempo.

La seconda ragione, che ha legami anche sotterranei e invisibili con la prima appena indicata, è che negli ultimi decenni si sono dissolti i grandi collettori di senso comune, i grandi partiti di massa, i quali comunicavano e diffondevano convincimenti, punti di vista e interpretazioni generali che, pur di parte, ma in genere pluralisticamente articolati, erano tuttavia frutto di discussione collettiva, di confronto plurale, di un minimo di verifica critica realizzata attraverso il confronto di diversi saperi e competenze. Senza dire che essi offrivano chiavi di lettura della realtà dotate di senso e di prospettiva all'interno di campi ideologici complessi e coerenti, che fornivano orientamento ai cittadini sulla base di una tradizione e di una cultura storicamente elaborate.

La terza ragione, resa sempre possibile dai mutamenti storici generali appena accennati, risiede nelle nuove forme che ha assunto la lotta politica all'interno dei vecchi Stati-nazione organizzati secondo ordinamenti liberaldemocratici. Com'è noto, negli ultimi decenni si sono prodotti gravi sconvolgimenti nell'equilibrio degli Stati, essendo venute meno conquiste che nei tre decenni dopo la Seconda Guerra Mondiale avevano reso stabili le società e attenuato le asprezze dei conflitti sociali. Il ceto medio, specie la *middle class* negli Stati Uniti, si è gravemente impoverito, il lavoro precario, intermittente, insicuro è diventato un fenomeno di massa, la disoccupazione si è stabilizzata a livelli elevati, diventando un fenomeno cronico anche nelle società avanzate. Tutto questo mentre per varie cause (guerre, eventi climatici avversi), fenomeni migratori di vasta portata e durata si sono venuti rapidamente ingigantendo, assumendo proporzioni inedite, mutando drammaticamente il quadro della vita sociale in Occidente e in vari angoli del mondo. Sicché, paradossalmente, nella fase storica in cui gli ideali e i programmi che avevano a lungo contrapposto i grandi partiti politici, organizzatori dei conflitti sociali, si sono affievoliti o si sono del tutto omologati, la competizione interpartitica è tornata ad essere più aspra. Ma la debolezza dei partiti, la crisi crescente della politica, incapace di incidere, com'era accaduto in passato, sulla condizione di vita dei lavoratori e dei cittadini – poiché il potere si è in gran parte trasferito dallo Stato ai grandi gruppi finanziari, alle *corporations*, alle multinazionali, ai più vari poteri extraterritoriali – mette gli uomini politici alla perenne ricerca di consenso tra i cittadini, sempre più considerati elettori, piuttosto che soggetti sociali reclamanti bisogni e diritti. I partiti, trasformati in aggregati di ceto politico, vale a dire di persone che vivono di mansioni e attività nelle istituzioni rappresentative, hanno scarse capacità di influire sul destino delle persone (obiettivo, peraltro, non più perseguito), di realizzare programmi e dunque trasformazione sociale. Perciò la contrapposizione politica, degradata sempre più in mera competizione elettorale, deve necessariamente fare ricorso a repertori pubblicitari più che ad analisi e progetti per organizzare e mobilitare cittadini in lotta. Il ceto politico è impegnato nell'elaborazione di retoriche, di trovate linguistiche, nell'invenzione di narrazioni capaci di indirizzare l'orientamento politico di masse sempre più disorientate.

L'Italia – sempre all'avanguardia nell'anticipare le degenerazioni dei fenomeni politici della modernità – ha costituito un territorio di frontiera in questo processo di trasformazione della vita dei partiti. Nel nostro Paese, sin dagli anni Ottanta, abbiamo potuto assistere alla nascita di un vero e proprio laboratorio di sperimentazione su larga scala dell'efficacia politica di stereotipi capaci di trasformare in convinzioni e in energia di lotta i pregiudizi più elementari e rozzi di una vasta area regionale. La Lega di Bossi, che ha inventato una inesistente nazione celtica e fasulle identità etniche, ha conseguito enormi fortune elettorali inventando due nemici delle popolazioni del Nord: "Roma ladrona" e il "Sud parassita". Vere e proprie caricature da popolano semianalfabeta che hanno spaccato in due l'Italia repubblicana. E comprensibilmente: niente è più convincente e mobilitante in politica quanto l'invenzione di un nemico. In quel caso la rappresentazione di un Sud ozioso che viveva a spese di un Nord operoso e produttivo ha invaso durevolmente l'immaginario nazionale, creando gravi danni alle popolazioni meridionali, che hanno visto mutare vistosamente le politiche governative ispirate da quella invenzione denigratoria.

L'invenzione di un nemico esterno da temere (che serve a serrare i ranghi all'interno e a radunarsi disciplinati e ubbidienti dietro a un capo comandante) ha avuto modo di trovare nuovo terreno di verifica allorché l'esplosione del fenomeno migratorio ha permesso ai gruppi della Lega, ma non solo a loro, di individuare un nuovo nemico a buon mercato, contro cui scatenare i disagi e i rancori degli italiani delusi delle politiche dei partiti. I disperati costretti a scappare dalle loro patrie a causa delle guerre scatenate dalle potenze della Nato, o per le prolungate stagioni di siccità legate al riscaldamento climatico, che hanno messo in ginocchio le loro fragili economie agricolo-pastorali, sono diventati le nuove minacce. Gli immigrati sono stati rapidamente trasformati in *nuovi nemici* contro cui indirizzare i risentimenti dei cittadini che negli ultimi decenni – per responsabilità di un capitalismo lasciato libero di esercitare le forme più selvagge di sfruttamento del lavoro – hanno perso l'occupazione, visto diminuire il reddito, ridursi la sanità pubblica, accrescere i costi dei servizi, dell'istruzione, della sanità.

Dunque, negli ultimi anni, la menzogna, il camuffamento della realtà, l'inganno studiato e deliberato sono diventati strumenti correnti della lotta politica, in grado di nascondere l'origine prima e fondativa dei disagi e delle paure dei cittadini. La potenza diffusiva dei media, soprattutto di certe emittenti televisive, ha fornito ad alcune convinzioni fondate talora su deliberate e clamorose menzogne una capacità mobilitativa di massa e una forza politica inquietanti. Tutti abbiamo ancora negli occhi le immagini clamorose di un vero e proprio tentativo di colpo di stato da parte di un presidente degli Stati Uniti, Donald Trump, uscito sconfitto dalla competizione elettorale, che è riuscito a fare occupare il Parlamento dai suoi seguaci sulla base di una menzogna incontrovertibilmente e universalmente evidente: la presunta falsificazione del voto da parte delle commissioni elettorali dei singoli Stati.

Eccoci dunque giunti a una fase estrema della degenerazione delle democrazie rappresentative le cui regole, da tempo, cominciano a diventare strette ai poteri di un capitalismo che non sopporta più vincoli, freni, sconfitte. L'indebolimento e la corruzione della politica, delle forze soprattutto che un tempo organizzavano e rappresentavano dentro lo Stato gli interessi e i bisogni dei ceti subalterni, rende oggi più stretto, paradossalmente, nell'epoca della massima e universale espansione dell'informazione, lo spazio della verità e del suo riconoscimento legale e istituzionale. Perciò le figure intellettuali, le menti critiche, che la società capitalistica non può fare a meno di creare, hanno oggi un compito in più da svolgere, soprattutto mentre il sistema dell'istruzione tende a produrre competenze strumentali, più che saperi critici: mostrare alla grande massa dei cittadini la realtà nuda dei fatti, le ragioni profonde del loro stato di subalternità, coperte e mascherate da una vasta schiera di media infedeli, dalla propaganda elettorale quotidiana dei partiti politici, dalla nebulosa pubblicitaria, nuovo firmamento metafisico della nostra epoca, che deve trasformare anche le umane sofferenze in prodotti da vendere.

CONTRONARRAZIONI

Premessa

di Tiziana Drago e Enzo Scandurra

Parole. Parole, che svuotate di senso, formano il discorso corrente, quello che ogni giorno ci assale, che accompagna i nostri gesti quotidiani, in casa, fuori da essa. Parole che rimandano a significati apparentemente condivisi ma condivisi proprio perché non significano niente: "crescita esponenziale", "resilienza", "sviluppo"; altre che provengono dall'inglese: *whatever it takes* (l'ultima in arrivo), che rimandano a significati ambigui, impliciti. Parole grimaldello che aprono qualsiasi porta, come: "sostenibile", "partecipato/a"...

Ed espressioni che danno anch'esse, apparentemente e ingannevolmente, significato a queste parole. L'avventura del linguaggio, la sua torsione per strapparlo dalle sue radici, per costringerci a usare lo stesso lessico, la stessa insignificante grammatica. Creano esse la verità in cui credere. Apparentemente neutre, impersonali formano il *politicamente corretto* che uniforma la nostra capacità di giudizio senza neppure che ce ne accorgiamo. Così, senza volerlo, ci esprimiamo oggi col nostro interlocutore, scegliamo parole ripetute da altri per metterlo in soggezione. Parole prese a prestito senza la fatica di crearne delle nuove più ancorate alla realtà che viviamo.

E alle parole si sovrappongono le immagini, quelle create dalla pubblicità delle auto, dei venditori di tappeti: suoni, immagini che si sovrappongono alla realtà per crearne una nuova, più addomesticata, più pervasiva, più suadente e affascinante. Come ha affermato Alberto Olivetti: sul parlare, lo scrivere e il leggere stanno prendendo il sopravvento il vedere, il digitare e l'ascoltare (passivamente).

Parole, espressioni formano le narrazioni correnti basate su un astratto senso comune, ma che è poi quello dei poteri, dei media asserviti al potere, dei talk show televisivi, dei rotocalchi. Narrazioni tossiche le abbiamo chiamate perché esse contengono dosi di veleno che ci fanno allontanare dal nostro patrimonio linguistico. Lo avvelenano, lo depauperano a poco a poco, ibridandolo col loro veleno e alterandolo lentamente fino a quando viene cancellato dalle nostre menti.

Frasi fatte. «Sei siciliano» domanda una turista tedesca a un abitante dell'isola: «Sì» risponde lui; «Allora sarai geloso».

In questo libretto che ha lo scopo di demistificare queste espressioni tossiche, i titoli dei saggi riportano questi luoghi comuni: gli immigrati ci rubano il lavoro, l'assassinio dell'ambiente come male necessario, la natura cura megalopoli, la tecnica salverà il mondo, la semplificazione come chiave interpretativa del mondo, l'inutilità dei saperi umanistici, i libri di carta come anticaglie, il digitale come creatore di nuova umanità.

L'idea è di indagare il sottobosco delle narrazioni tossiche, di capire come avvelenino le relazioni sociali, di decostruire alcuni concetti-chiave del lessico pop del neoliberismo ("decoro", "sicurezza", "megalopoli", "sviluppo", "grandi opere", "digitale", "autonomia", "performance", "tecnica", tra gli altri), assimilati dalla sinistra istituzionale e amplificati dal *mainstream* bipartisan. Dissodato il campo, è stato facile seminare altri cliché tossici, che hanno alimentato le derive securitarie della destra più becera: la povertà che deturpa le città; l'immigrazione che genera insicurezza; le periferie come luoghi di degrado, la creatività non imbrigliata come pericolo, l'ozio e il gioco come deviazione sociale.

Il progetto di un volumetto di *contronarrazioni*, che perlustrasse la *humus* inquinata dal neoliberismo, è nato ben prima della buriana pandemica. Ma il lavoro di raccolta delle discussioni maturate nella mailing list dell'Officina dei Saperi è iniziato nei giorni bui del confinamento domestico. Nel tepore incipiente della primavera 2020 il Covid inizia a uccidere tantissimi, a partire dai più fragili (un po' come l'afrore malato dell'asfalto di Newark, che si sprigiona dalle pagine di quel piccolo gioiello della letteratura pandemica che è *Nemesi* di Philip Roth). Nel momento in cui il dibattito pubblico viene comprensibilmente monopolizzato dall'emergenza pandemica, tanto più acuta si fa la sofferenza sociale. Quando non ci si può abbracciare e non ci si può riconoscere negli sguardi, basta poco per essere risucchiati dalla dipendenza da smartphone, cibo spazzatura, solitudine, accumulo seriale di oggetti. Pezzi di immagini emerse dalla televisione hanno raccontato volti e corpi vulnerabili, indeboliti dal virus e straziati dal dolore, la negazione del diritto alla salute, i feudi della sanità privata e del mercato senza lacci, il valore diseguale delle vite umane, l'aberrante e sotterranea convinzione che tante morti non fossero poi così importanti (si trattava di vecchi, per lo più già malati). Come sempre accade, nel trauma e nel disastro, più che le istituzioni, specie se indebolite, e la rappresentanza politica, incerta e frammentata, agiscono i rapporti di forza reali. E i rapporti di forza, si sa, sono favorevoli a chi ha beni e potere. Alla riduzione del potere negoziale e di attivazione del conflitto in materia lavorativa da parte dei sindacati è corrisposta la frammentazione del mondo del lavoro, dei prestatori d'opera, un mondo che non si riconosce più nelle stesse storiche battaglie, che ha introiettato un pezzo dell'ideologia produttivista e iperliberista della sua controparte. L'emergenza sanitaria ha dischiuso la zona grigia delle diseguaglianze, dell'occupazione instabile, del lavoro al limite della legalità. Un'area di sofferenza e di affanno che si muove e cresce negli interstizi delle città. Un mondo che sopravvive: metà figlio della deregolamentazione parossistica del mercato e della disciplina del lavoro, metà fratello della piccola e grande criminalità. L'uno e l'altro uniti dal credo sovrano della competizione e della sopraffazione, ferini alleati della disgregazione sociale in tutte le classi.

In questo scenario devastato si è scelto di costruire anticorpi di parole, di fare progetti, di fare domande sul futuro. Questo libro sta dalla parte della potenza simbolica e materiale delle parole, della loro capacità di dire le cose con la forza dell'immaginazione e dell'urgenza di sollecitare domande diffuse sul mondo e sull'esistenza. Per far crollare il castello fatto di parole malintese e usate come clave: responsabilità, stabilità, sicurezza, merito, *performance*. E offrire spunti di riflessione su autonomia e subalternità, rappresentanza e delega, potere e autorevolezza.

Ha forse sotterraneamente agito in tanti di noi una delle certezze del nostro remoto retroterra di civiltà (quello divenuto seconda natura, proprio perché legato al tempo aureo dell'apprendimento scolastico), per cui la peste si scampa con le storie, con il raccontare. La forza di questo mito è grandissima, una forza guaritrice e purificatrice. Il raccontare sprigiona una energia taumaturgica riconosciuta e condivisa, e così è per il godimento del racconto. Si vede in questi momenti come certe radici culturali profonde, legate ai fondamenti della nostra identità affiorino, emergano, agiscano.

Ma l'impegno dei curatori e l'impegno collettivo interno all'Officina ha poco a che fare con la monumentalizzazione del lavoro cognitivo e, meno che mai, con l'illusione di una palingenesi, piuttosto con la sopravvivenza e la resistenza della vita.

La scrittura non ci ha salvati da partiti politici diversamente brutti, uniti nella comune inclinazione al potere ad ogni costo. Al costo delle vite degli altri, anche. Né ha impedito la vista dello spettacolo desolante di una società divisa nella rivendicazione dei diritti e frazionata in senso corporativo, per mestieri e professioni anziché per condizione materiale (né il mondo della cultura e della scuola si è discostato da questo schema).

Ma, nonostante tutto, abbiamo voluto mantenere un filo sottile di socialità e riflessione collettiva. Piccolo, fragile, frammentato. Sempre concentrato intorno ai temi che ci sono a cuore: il valore uguale di tutte le vite umane, il Sud, i Sud, le periferie, la marginalità, il lavoro per uscirne, l'ambiente, l'allargamento degli spazi di democrazia reale.

Tanto più necessario ci è parso questo lavoro oggi, quando la questione dell'autonomia regionale differenziata rischia di subire una notevole accelerazione in chiave antimeridionale, quando ci esponiamo a un futuro di diritti differenziati, a una lettura compassionevole della disabilità in chiave leghista, in un quadro dove l'integrazione, a tutti i livelli, non è l'obiettivo da raggiungere.

Si dovrà tornare a riparlare di tutto questo. E presto. Della questione dell'Europa e della ridefinizione della geopolitica mondiale. Si dovrà riparlare, soprattutto, di sanità pubblica (dopo le ferite inferte dalla sua ristrutturazione in senso privatistico), di stili di vita, di reddito universale, di contrasto al caporalato, di ambiente, di provvedimenti strutturali sistemici e persino di aberrazioni come la valutazione della didattica a distanza.

Speriamo di ritrovare in un'ampolla, nel vallone della Luna, la ragione del mondo. Senza mai dimenticare che rassegnarsi, rinunciare a tenere il punto significa alimentare quel *There is no alternative* su cui il capitalismo fonda il suo potere e il suo linguaggio.

* AVVERTENZA: i titoli virgolettati esprimono il cattivo senso comune (e l'ideologia dominante), non certo il pensiero degli Autori e delle Autrici.

"Vite utili". Minima moralia per la pandemia

di Laura Marchetti

«Oggi la vita non vive», «oggi la vita è offesa», scrive nell'esergo di *Minima Moralia* Theodor Adorno, ancora e per sempre segnato dal Programma che portava il codice segreto "T4", e che avrebbe deciso, in Germania, la soppressione di migliaia di persone affette da malattie giudicate incurabili, o portatrici di handicap o definite anormali e asociali: persone tutte appunto accomunate dalle *lebensunwerte Leben*, 'vite che non valgono la pena di essere vissute'[1].

Siamo nel 1944, ma potrebbe essere il 2021, l'anno funesto della pandemia e delle tombe: 100.000 solo in Italia, vale la pena ricordarlo, due milioni e mezzo in tutto il mondo, di cui migliaia e migliaia con corpi insepolti, gettati in fosse comuni, senza nome e senza volto. Migliaia di vite inutili, che, se non sono state piante e riconosciute, vuol dire che non sono state ritenute degne di essere vissute.

Eppure, a fronte di tanta inutilità, l'espressione contraria "vite utili" è la più usata nelle narrazioni europee della pandemia, la più *oggettiva* («oggettivo» dice ancora Adorno «è l'aspetto non controverso del fenomeno, il cliché accettato senza discutere, la facciata composta di dati classificati»[2]). Compare esplicitamente nella fredda logica di tanti documenti e dichiarazioni ufficiali di questa parte privilegiata d'Occidente[3]: per esempio nella famosa teorizzazione della "immunità di gregge"

1 T. Adorno, *Minima Moralia. Meditazioni sulla vita offesa*, Einaudi, 1954.

2 Ivi, parte prima, passo 43.

3 In fondo l'epidemia di Covid-19 è diventata di attualità quando ha colpito l'Occi-

per selezione naturale di alcuni politici inglesi, fra cui Boris Johnson, sostenuti da un Behavioural Insights Team che ormai da anni orienta le politiche pubbliche verso forme crudeli di darwinismo sociale[4] e che praticamente suggeriva ai medici di "lasciar andare" le vite meno "adatte", ovvero quelle non dotate di un capitale (economico, e quindi umano) sufficiente da potersi garantire isolamento e assistenza sanitaria privata. Vanno in questo senso anche le linee guida per gli anestesisti spagnoli, riportate da «El Mundo», che, dopo aver richiamato la situazione di «necessità», per realizzare «il massimo beneficio comune», prescrivono che: «bisogna dare priorità nel ricovero in terapia intensiva alle persone con le migliori possibilità di sopravvivenza». Un criterio ribadito anche nell'ultimo piano antipandemico italiano, dove si legge che «quando la scarsità rende le risorse insufficienti rispetto alle necessità, i principi di etica possono consentire di allocare risorse scarse in modo da fornire trattamenti necessari preferenzialmente a quei pazienti che hanno maggiori probabilità di trarne beneficio»[5].

Lo stato di emergenza, la "scarsità", la "necessità", dovrebbe giustificare tutto. Ma, lo stesso, ci si chiede se queste indicazioni possano coniugarsi con i principi di uguaglianza e solidarietà delle Costituzioni nazionali e con la Convenzione europea per i diritti dell'uomo e, soprattutto, che modello di civiltà esse prefigurino e se, pur facendoci sopravvivere, continueranno a farci vivere civili (perché, come diceva già Boccaccio, nel suo umanesimo profondo, non solo si tratta di vivere dopo la peste, ma di contrastare il suo effetto più terribile, che è la distruzione del vivere civile e il fatto che gli uomini si scaglino l'un contro l'altro, il fratello contro il fratello, il vicino contro il vicino). L'inquietudine è invece che in tali scelte di fondo si addensi un principio di barbarie, quella bestialità che la società contemporanea non è mai riuscita a cancellare del tutto, risorgendo proprio negli stati di emergenza, quando il potere si fa "eccezione" e diventa potere di morte, potere bio-

dente. Fino a quando era un affare di una provincia cinese, non aveva una "narrazione".

4 Come mostra benissimo l'ultimo film di Ken Loach: *Sorry We missed you.*

5 La bozza del piano pandemico 2021-2023 è stata pubblicata su quotidianosanità.it.

politico che deve decidere su chi e quando dare la morte. Canetti, studioso incomparabile del nucleo segreto del potere totalitario, ci mette in guardia contro questo barbarico "principio di sopravvivenza". La sopravvivenza, egli dice, è di per se stessa acquisizione di potere. Chi è morto giace, sta per terra; chi sopravvive sta in piedi. Già solo questa collocazione spaziale rende «l'istante del sopravvivere l'istante della potenza», anche perché inconsciamente insorge la convinzione di una vera e propria "elezione", una emozione comparativa che non risparmia nessun rapporto, nemmeno quello più affettivo, nemmeno quello con i figli o i genitori o i fratelli[6].

In realtà, allora, alla luce della civiltà, "vite utili" è una espressione che non dovrebbe mai essere pronunciata. Come dice Judith Butler in una recente intervista sugli effetti politici della pandemia, «il solo domandarsi chi sia "il debole" e "il vulnerabile" all'interno della società porta con sé l'idea che alcune vite siano sacrificabili: è un principio fascista legato a eugenetica e darwinismo a cui dobbiamo opporci con grande forza»[7]. "Vite utili" è cioè una espressione terribile che, dietro la neutralità medica del dovere di salvare chi ha più chances, nasconde un orrore etico insopportabile, foriero di ogni razzismo e di tutti i genocidi, che si fondano proprio sul dare alle vite, alla vita, una gerarchia di significato. Cosa che può portare lontano fino a dire che non solo la vita di un sano è più "utile" di quella di un malato (come fa appunto la medicina delle catastrofi), ma che la vita di un giovane è più "utile" di quella di un vecchio, e che la vita di un imprenditore o di un professionista possa essere più "utile" di quella di un disoccupato, o che quella di un europeo possa essere più "utile" di quella di un africano o di un portoricano: il tutto sotto l'egida di una "morale minima" che sottrae la responsabilità alla politica, appellandosi alla biologia e al diritto della conservazione della specie in quanto conservazione del più forte.

La specie però è «frutta nana», direbbe ancora Adorno, senza l'umanità. Con questa espressione delle "vite utili", ciò che si mette in

6 E. Canetti, *Massa e potere*, Adelphi, 1972.

7 *J. Butler: «La pandemia mette in pericolo le conquiste sociali. È ora di una coalizione radicale di femministe e transgender»*, intervista online, 17 agosto 2020.

gioco è proprio il concetto di umanità, l'idea cioè di una nascita comune degli individui e delle società e quindi di un destino comune e di una salvezza comune fatta di azioni di reciproca cura. E di pietà, a cominciare dalla prima, quella assoluta, quella da cui nasce lo stesso termine e quindi l'idea: l'umanità come dovere dell'inumare, del piangere, del seppellire, del ricordare. L'umanità come luogo in cui la memoria individuale e collettiva non consuma le vite e le trasforma in numeri, ma le considera impronte, segni indispensabili nel passaggio da una all'altra generazione. Con questa consapevolezza le civiltà del passato hanno "inumato", ovvero elevato pianti, lamenti, miti, memoria a chi era scomparso. Con questa consapevolezza dovremmo elevare il lutto a fatto politico, come ci indica il nuovo movimento del Black Lives Matter, nato appunto dalla mancata elaborazione del lutto e dall'idea che la commemorazione di un defunto è il presupposto del valore della vita: «negare la morte di una persona significa negare il valore della sua vita»[8].

Negli Stati Uniti la negazione del lutto è avvenuta in larga parte sulla popolazione afroamericana. In Italia invece sulla generazione anziana. Diffusa, nonché aberrante, è stata la convinzione, più o meno sotterranea, che le morti così numerose non siano state poi così importanti perché riguardavano i vecchi, per di più già malati e tagliati fuori dal mondo, rinchiusi nelle prigioni di sorveglianza pomposamente chiamate "residenze per anziani". Nessun sussulto, nessun tremore e timore per quelle "vite inutili", certo da tempo improduttive e che però hanno portato via con sé un patrimonio di storie, saperi, valori vissuti, tradizioni, narrazioni, ricordi e teneri affetti. Eppure l'Italia, la "patria", come la chiamano i nuovi patrioti, si fonda su un mito e su una immagine: quella di Enea in fuga dall'incendio che porta con sé il vecchio padre Anchise. La pietà, che è la sua qualità esistenziale e la sua qualità sociale, lo spinge nell'aiutare anche chi non ha più forze, anche a scapito della propria sopravvivenza, del proprio potere. Quella pietà è anche l'intelligenza della specie, in quanto la specie sopravvive, sottolineano i biologi della complessità, non nella lotta ma perché la madre continua ad allattare il figlio e perché gli uomini si

8 Ibidem.

prestano soccorso, anche quando hanno paura, anche quando devono vivere rintanati.

Nel mito fondatore della patria, in realtà Enea non porta solo sulle spalle l'anziano padre, ma porta per mano, per proteggerlo, anche il giovane figlio Ascanio. Gli è utile? Se fosse successo in questi mesi terribili, avremmo detto di no, perché oggi anche le vite dei giovani sembrano "vite inutili". Non solo perché la scuola, la piazza, l'amore, l'amicizia è stata loro impedita, ma perché sembra si sia rotto il patto fra le generazioni. Perché sembra si sia staccata la mano di Enea anche rispetto al rapporto affettivo più profondo e a quel patto che tradizionalmente è stato stretto fra le generazioni in modo che la precedente si impegnasse a prendersi cura della successiva: si impegnasse ad aspettarla (a questo ci pensano le donne), e poi a curarla, proteggerla, e, infine, a emanciparla. Ciò ha garantito, a detta di Walter Benjamin, un'altra idea della Storia. Non la Storia dei vincitori, che lascia vittime per terra nella sua marcia trionfante ed esclusiva. Ma una Storia che trova una "connessione sentimentale" del tempo in quanto ognuno, che è stato atteso e che è venuto al mondo perché un altro lo ha voluto, a sua volta vuole e aspetta: aspetta il nuovo, il nascituro, l'estraneo, l'ultimo venuto. Una connessione sentimentale del tempo in cui il vecchio non uccide il giovane figlio, come in tanti miti barbarici e nell'inconscio edipico, ma a quell'incrocio fatale, senza combattere come nella scena di Sofocle, spontaneamente, gli dà la precedenza e quindi gli dà il valore e la vita.

Si tratta di un dono, ma anche di un dono a se stessi, per chiudere con un'altra citazione di *Minima moralia*. Nell'utilità di tutte le vite, nella significazione di tutte le vite, nel principio morale, deontologico e giuridico generale della uguale dignità di ogni essere umano e di assenza di ogni discriminazione, forse ci si salva. Come scrive Miguel Benasayag commentando il *Piccolo Manifesto* del Collectif Malgré Tout, dalla pandemia forse si può uscire ma senza le «passioni tristi» dell'ideologia produttivista, piuttosto con la convinzione che «nessuno si salva da solo» e con la comprensione che

> non si tratta di essere forti o deboli, vincenti o perdenti, ma che esistiamo, tutte e tutti, attraverso questa fragilità che ci permette di provare la nostra appartenenza al comune. La vita individuale e la vita sociale ci appaiono

finalmente come due facce della stessa medaglia. Obbligati all'isolamento [...] è il desiderio del comune (desiderio della vita), e non la minaccia, che ci permette di agire in questa situazione[9].

9 Su «MicroMega» del 17 aprile 2020.

"Gli immigrati ci rubano il lavoro"

di Piero Bevilacqua

Com'è noto fra le tante menzogne che i cosiddetti sovranisti hanno diffuso nella loro narrazione propagandistica, questa è una delle più ingiuste e paradossali. Gli immigrati, lavoratori che si accontentano di bassi salari e si acconciano a qualsiasi condizione contrattuale, sottraggono occupazione agli italiani. È questa la leggenda messa in circolazione. In tempi di disoccupazione endemica una simile accusa trova tra i poco informati (numerosissimi nel nostro Paese) un facile ascolto. Ora, occorre dire che l'affermazione ha un'apparenza di verità, perché la concorrenza dei lavoratori poveri e senza tutele nei confronti degli operai sindacalizzati ha alle spalle una lunga storia. Il cosiddetto esercito industriale di riserva, di cui parlava Marx, cioè la vasta massa di lavoratori disoccupati, già nel XIX secolo, era utilizzata dagli imprenditori per dividere il fronte della classe operaia e per ricattare le maestranze occupate, costrette ad accontentarsi di bassi salari per non essere licenziati. E spesso questo esercito era composto da proletariato immigrato, che viveva in condizioni di disagio ed era disposto ad accettare salari da fame pur di trovare una qualche fonte di reddito. La nascita della Prima Internazionale dei lavoratori, in cui Marx ebbe un ruolo di primo piano, a partire dal 1864, nasceva anche per superare il conflitto tra lavoratori legato a tali fenomeni[1].

1 Cfr. M. Musto, *Karl Marx. Biografia intellettuale e politica.1857-1883*, Einaudi, 2018, p. 6 e sgg.

Ora, per mostrare l'infondatezza, ma anche l'ingiustizia che accompagna tale accusa, occorre ricordare che sono state proprio le leggi nel nostro Stato, a partire dalla cosiddetta Bossi-Fini (dai nomi di Umberto Bossi, capo della Lega, e Gianfranco Fini, leader di Alleanza Nazionale) a creare le condizioni di forzata illegalità che spinge gli immigrati ad accettare qualsiasi condizione di lavoro pur di sopravvivere. La legge, del luglio 2002, del governo Berlusconi, prevedeva il reato di clandestinità per tutti gli extracomunitari che entravano nel nostro Paese senza un permesso di soggiorno legato a un contratto di lavoro[2]. Una condizione che rendeva di fatto clandestini la grande massa degli immigrati, coloro che fuggivano sia da condizioni insostenibili di miseria che da guerre in corso. Costoro non avevano alcun rapporto e punto di riferimento nel Paese d'approdo, in questo caso l'Italia, e si trovavano dunque nella necessità di accettare qualsiasi forma contrattuale di lavoro per poter sopravvivere. Essi, infatti, appena entrano nel nostro Paese, in quanto privi di permesso di soggiorno, diventano di fatto dei criminali, e dunque possono essere facilmente denunciati da chiunque, a partire dai loro stessi datori di lavoro. La televisione italiana ci ha fornito in centinaia di servizi giornalistici un profluvio di immagini delle condizioni abiette in cui questi disperati (che ruberebbero il lavoro agli italiani) vengono fatti vivere nelle periferie degradate delle nostre città o delle nostre campagne.

Tuttavia, l'affermazione è in sé falsa, per una ragione molto particolare. Nella realtà dei fatti e nella grandissima maggioranza, gli extracomunitari che arrivano nel nostro Paese finiscono per fare i lavori più duri, umili e precari per i quali quasi mai c'è competizione con gli operai italiani. Diciamo grandissima maggioranza anche perché esistono delle importanti eccezioni che letteralmente rovesciano l'accusa. In tutti questi anni nel nostro Paese si sono formati migliaia di piccoli imprenditori che addirittura il lavoro lo offrono anche agli italiani. Secondo una ricerca del 2016, gli imprenditori stranieri in Italia sarebbero circa

2 Questa legge è stata ulteriormente resa più severa fino ad arrivare alla L. 15 luglio 2009, n. 94 «la più indegna della storia della Repubblica» (L. Ferrajoli, *Manifesto per l'uguaglianza*, Laterza, 2019, p. 229) che inasprisce le pene contro gli immigrati considerati di fatto tutti potenzialmente criminali. Per non parlare dei recenti "decreti sicurezza" voluti dal ministro dell'Interno Salvini del precedente governo.

447.000. Di questi oltre l'80% sono extracomunitari di più o meno recente immigrazione[3].

I lavori che gli immigrati rubano agli italiani sono quelli che quasi nessun italiano è più disposto a fare. Pensiamo all'attività preziosa, insostituibile, della cura alle persone anziane e disabili. Si tratta di un tipo di lavoro che comporta dedizione, sacrifici, presenza quotidiana sul luogo di lavoro. È l'attività delle cosiddette badanti, che poche italiane si piegano a fare e che in tutti questi anni è stato sostenuto da donne rumene, russe, polacche, ucraine, filippine. Queste figure venute da tanti Paesi lontani hanno costituito un pezzo del welfare sanitario italiano risolvendo problemi vitali per milioni di famiglie italiane[4].

Ma i migranti hanno salvato dal tracollo anche ambiti importanti della nostra economia. Pensiamo al settore della zootecnia. Gli allevamenti dei grossi capi di bestiame dell'Italia del Nord, Lombardia e Piemonte innanzi tutto, rischiavano letteralmente di sparire se non fosse stato per gli immigrati indiani, che hanno sostituito l'antica manovalanza, sottoponendosi a lavori umili e faticosi, a fatiche notturne per le quali non c'era più forza lavoro italiana disponibile.

Ma è l'intera agricoltura che si regge ormai quasi completamente sul lavoro immigrato. Gli imprenditori agricoli non trovano più potatori, innestatori e una larga serie di mestieri e competenze agricole, se non tra la popolazione immigrata. Ma è soprattutto nel lavoro più semplice e più faticoso, quello della raccolta dei prodotti (arance, pomodori, uva, ecc.), che i lavoratori immigrati rendono possibile l'economia agricola, altrimenti condannata al fallimento. Senza i miseri salari degli extracomunitari i pomodori, come gli agrumi e altri prodotti, resterebbero a marcire sul campo. Si tratta di un fenomeno ovviamente non soltanto italiano. Pressoché in tutte le campagne del mondo sviluppato, dagli Stati Uniti alla Spagna, dal Regno Unito a Israele, è la manodopera immigrata, spesso ridotta in condizione servile, che rende possibile il raccolto dei prodotti.

3 *La mappa dell'imprenditoria immigrata in Italia. Dall'integrazione alla tutela della salute e sicurezza sul lavoro*, Censis, Roma Tre, Inail, 2016.

4 Una toccante raccolta di storie di vita di queste figure è in L. Di Ponte, D. Simi, *Il mio paese sono due. Storie di badanti*, Edizioni ETS, 2017.

Ma occorre ricordare che in questo caso la manodopera straniera, spesso priva di permesso di soggiorno, clandestina, pagata in nero, è funzionale a un meccanismo dell'accumulazione capitalistica delle grandi concentrazioni dell'agrobusiness. È grazie ai bassissimi salari dei braccianti semiservili, provenienti dall'Africa, dal Bangladesh, dall'Afghanistan, ecc., che i prodotti agricoli vengono acquistati a bassissimo prezzo dalle grandi catene commerciali dei supermercati, che possono così lucrare i loro profitti. Un chilo di pomodori comprato dal campo dell'imprenditore agricolo a 0,087 centesimi di euro consente ai gruppi finanziari che controllano i supermercati di lucrare in percentuale elevati profitti e di assoggettare alle proprie strategie commerciali l'intero mondo delle campagne[5].

Dunque, l'odio che i sovranisti scatenano contro gli immigrati con l'accusa secondo cui rubano il lavoro ai nostri operai non solo è infondato, ma serve a rendere ancora più deboli i braccianti asserviti ai caporali e ai padroni e a favorire così i profitti della grande distribuzione e della finanza. Questo, se ce ne fosse bisogno, per mostrare che sotto il profluvio di parole che esaltano il popolo, in realtà i sovranisti sono politici di destra, che sposano la causa del capitale. Essi chiedono la sovranità, non per il popolo, ma per le classi dominanti italiane, desiderano che a essere sfruttati siano solo i lavoratori italiani. È questo il grande regalo che fanno agli italiani. Ma il capitale deve continuare a dominare come ha sempre fatto. Le gerarchie di potere non devono essere toccate, anzi vanno ulteriormente rafforzate.

5 Cfr. G. Avallone, *Sfruttamento e resistenze. Migrazioni e agricoltura in Europa, Italia, Piana del Sele*, Ombre corte, 2017; P. Bevilacqua, *Il cibo e la terra. Agricoltura, ambiente e salute negli scenari del nuovo millennio*, Donzelli, 2019, p. 15 e sgg.

“Aiutiamoli a casa loro”

di Ignazio Masulli

È questa la frase ricorrente con cui, in Italia e in Europa, si tenta di giustificare una politica di respingimento dei flussi migratori dai Paesi del Sud del mondo. Una politica oltranzista quanto priva di qualsiasi giustificazione. Infatti tutti i dati dimostrano che i Paesi meta hanno solo da guadagnare dai migranti e hanno bisogno di un numero molto maggiore di quelli che attualmente tentano di raggiungerli.

In primo luogo i migranti sono necessari per correggere uno squilibrio demografico divenuto insostenibile. Se consideriamo la popolazione dei ventisette Paesi dell'Ue più la Gran Bretagna, un cittadino troppo giovane o troppo anziano per lavorare dipende da meno di due persone in età lavorativa (1,8), che si ridurranno a 1,5 entro dieci anni. Il che prospetta una situazione che non può reggere a detta della stessa Commissione europea[1]. In Italia il rapporto è già di 1 a 1,1[2] e secondo il Fondo monetario internazionale sarà di 1 a 1 entro il 2045. Il che significa che i quattro quinti della retribuzione di chi lavora serviranno per la pensione[3]!

Connessa allo squilibrio demografico è la questione riguardante le spese sociali. È un fatto che se si vogliono conservare le prestazioni di welfare

1 European Commission, *The 2017 Ageing Report*, Luxembourg, 2017, pp. 1-7 e 9-11.

2 20.861.000 contro 23.215.000, Istat, *Popolazione per condizione professionale* (https://bit.ly/2QsCsYP).

3 Relazione annuale del presidente dell'Inps, Roma 2018, p. 5.

che, nonostante i tagli subiti, ancora si hanno nei Paesi membri dell'Ue, sarebbe necessaria una base contributiva garantita da un aumento della popolazione europea di non meno di quaranta milioni di persone in pochi anni[4]. Cosa concepibile solo attraverso l'accoglienza e regolarizzazione di un numero di migranti moltiplicativo rispetto ai flussi attuali.

S'inganna volutamente l'opinione pubblica quando si fa credere che gli immigrati sottrarrebbero lavoro alla popolazione autoctona. Basta confrontare gli andamenti della disoccupazione e quelli dell'immigrazione per vedere che non c'è rapporto tra i due fenomeni. Infatti dopo la crisi del 2008, la disoccupazione è calata di poco in Italia e in Francia, mentre negli ultimi anni è diminuita decisamente in Gran Bretagna e ancor di più in Germania e negli Usa. Invece l'immigrazione è cresciuta in tutti questi Paesi e in misure non rapportabili a quelle della disoccupazione[5].

Se si guarda più in dettaglio al mercato del lavoro in Italia, si vede bene che il lavoro degli immigrati non solo non entra in competizione con quello degli italiani, ma è complementare al loro ed è indispensabile per lo sviluppo del Paese perché riguarda settori e tipologie produttive che diversamente resterebbero scoperti. Infatti il loro impiego si concentra maggiormente in attività poco qualificate nell'agricoltura, nell'industria e anche nel terziario che vengono scartate dalla manodopera autoctona[6]. Il che non toglie che in alcuni comparti gli immigrati svolgano anche attività più qualificate ed egualmente trascurate dagli italiani. Ad esempio, nell'edilizia, nel 2019, gli artigiani e operai specializzati sono stati per il 10,3% immigrati in confronto all'1,4% di italiani. Lo stesso è avvenuto per i servizi personali e altri[7]. Per non dire dei lavoratori autonomi.

4 L. Bershidsky, *Europe Doesn't Have Enough Immigrants*, September 4, 2015 (https://bloom.bg/3uZgTyd).

5 Dati tratti da Oecd.Stat, Dataset, *Annual Labour Forces Statistics* (https://bit.ly/33TrTkH) e Oecd.Stat, Dataset, *International Migration Database* (https://bit.ly/3wgSRiw). Su quest'argomento si veda anche il testo di Piero Bevilacqua in questo volume.

6 G. Ferrucci, E. Galossi, *Un mercato del lavoro diseguale: italiani, stranieri e "naturalizzati"*, in B. De Sario, E. Galossi (a cura di), *Migrazioni e sindacato. Lotta alle discriminazioni, parità dei diritti e azione sindacale nel contesto della crisi pandemica*, Ediesse/Futura, 2020, pp. 85-88.

7 Ibidem, pp. 80-83.

Piuttosto, è da sottolineare l'importante apporto del lavoro degli immigrati alla crescita economica dei Paesi ospiti. Ad esempio in Italia, nel 2019, essi hanno prodotto il 9,5% del Pil[8]. Lo stesso può dirsi per gli altri Paesi dell'Ue, specie quelli occidentali, dove il lavoro degli immigrati risulta fondamentale. E lo è ancor più nella fase di lockdown imposto dalla pandemia, giacché al loro lavoro si deve la produzione di molti beni e servizi essenziali per la collettività, particolarmente in questo frangente[9].

Un'altra falsificazione consiste nel far credere che l'immigrazione comporta pesanti aggravi per la spesa pubblica, occultando, invece, i notevoli vantaggi che ne derivano anche sul piano fiscale. Se si prende ad esempio il bilancio dello Stato italiano sempre del 2016, in quanto anno di picco migratorio, si può facilmente vedere come le tasse e i contributi versati dagli immigrati eccedano di molto le spese che li riguardano. La somma delle tasse, imposte e contributi da loro versati nel 2016 è di 19,1 miliardi. Mentre il totale delle uscite dovute ai costi marginali imputabili all'utenza degli immigrati dei diversi servizi sociali, cioè quanto da essi effettivamente utilizzato per sanità, istruzione, casa e altre prestazioni, è di soli 4,34 miliardi. Sicché il vantaggio per lo Stato tra ciò che incassa dagli immigrati e ciò che spende a loro beneficio risulta di 14,76 miliardi. Quand'anche volessimo, impropriamente, imputare a pro degli immigrati le spese del ministero dell'Interno per la cosiddetta "accoglienza", il guadagno per lo Stato sarebbe di ben 11,16 miliardi[10]. E il computo fatto per l'Italia vale anche per gli altri maggiori Paesi europei. Tanto più quelli che hanno un reddito pro capite e una popolazione maggiori dei nostri.

Se le cose stanno così, perché ci si ostina a presentare all'opinione pubblica il fenomeno migratorio come ingovernabile e minaccioso? E

8 Fondazione Leone Moressa, *Rapporto annuale sull'economia dell'Immigrazione. Edizione 2020. Dieci anni di economia dell'immigrazione*, il Mulino, 2020, pp. 89-90.

9 F. Fasani, J. Mazza, *Immigrant Key Workers: Their Contribution to Europe's COVID-19 Response*, IZA Policy Paper n. 13178, April 2020 (http://ftp.iza.org/pp155.pdf).

10 Rielaborazione dei dati esposti dalla Fondazione Leone Moressa, *Rapporto annuale sull'economia dell'immigrazione. Edizione 2018*, il Mulino, 2018, pp. 104-114.

perché questa rappresentazione falsa e questa chiusura si sono accentuate notevolmente negli ultimi anni?

La risposta non può essere che una: si vogliono occultare le vere ragioni del malessere sociale provocato da quarant'anni di neoliberismo, dando a intendere che il peggioramento delle condizioni di lavoro e degli standard di vita dipendono dalla concorrenza e dai costi dei migranti.

Si attuano, in tal modo, meccanismi storicamente ben noti di controllo e disciplinamento sociale. Si somministrano sicurezze fittizie attraverso il richiamo a false identità di nazione, razza, civiltà. E si fanno lievitare sentimenti di chiusura e avversione verso chi viene da fuori.

“Tutti al centro!”

di Rossano Pazzagli

Tutti al centro! Tutti verso la città e i capoluoghi, tutti in giù, verso le pianure e le coste, nei suburbi disordinati delle metropoli, nei poli e nei distretti industriali, nelle nuove cattedrali degli outlet e nelle improbabili piazze dei centri commerciali. È la fotografia del processo storico di un Paese che è scivolato in basso, di una popolazione che si è concentrata nelle città e lungo le coste. Tutti al centro! è stato il motto silenzioso, ma efficace, dello sviluppo novecentesco, uno sviluppo polarizzante in un Paese strutturalmente policentrico, che ha creato squilibri e approfondito le disuguaglianze. Così accanto alla questione ambientale è venuta aggravandosi negli ultimi settant'anni una questione territoriale: non più soltanto il dualismo Nord/Sud, ma un insieme di differenze che con l'esodo rurale si sono moltiplicate e radicalizzate: quelle tra città e campagna, tra pianura e montagna, tra costa ed entroterra… integrazioni che sono divenute opposizioni, legàmi trasformati in fratture.

Nei decenni della crescita demografica gran parte dell'Italia si è spopolata. Sembra un paradosso. Per molti il *boom* economico, che fu chiamato addirittura “miracolo”, è stato uno *sboom*, una grande trasformazione sociale che ha finito per essere anche un fatto culturale e morale, con la competizione al posto della solidarietà, l'affermarsi del consumismo, la perdita delle relazioni di vicinato, una più rigida e meccanica scansione del tempo, l'affievolimento del rapporto con le stagioni; lo spaesamento come trampolino di lancio verso la cosiddetta società del benessere.

Con l'affermarsi del modello industriale, dunque, e della società urbanocentrica basata sui consumi, l'Italia è scivolata a valle, discesa inesorabilmente verso le poche pianure e il mare. Dopo la metà del Novecento ha preso il via il grande esodo rurale, quello descritto magistralmente da Nuto Revelli ne *Il mondo dei vinti*: un massiccio trasferimento di persone dalle campagne e dalle montagne verso le aree urbane, dove la fabbrica fordista e l'organizzazione taylorista del lavoro rendeva indispensabile la presenza di manodopera a basso costo e con forti attitudini al lavoro e alla fatica; una fatica alla quale solo i montanari e i contadini erano già abituati[1].

Già intorno al 1960 Emilio Sereni coglieva la portata di questo processo, visto come «preludio alla disgregazione del paesaggio agrario» collegata al regresso delle colture arative e arboree, del pascolo e delle pratiche boschive, allo spopolamento di interi villaggi e all'abbandono dei poderi «in ogni provincia italiana, specie nella montagna e nell'alta collina»[2]. Nel 1972 Lucio Gambi parlava di «un'imponente alluvione demografica che aveva invaso le fasce litorali»[3]. Poi il fenomeno ha assunto dimensioni ancora maggiori e diffuse nel corso dei decenni successivi, acquisendo i caratteri dell'abbandono di parti significative del territorio italiano, prevalentemente collinare e montuoso, generando forme di disagio apparentemente contrapposte, ma convergenti nel determinare un indebolimento della coscienza territoriale: lo spopolamento delle aree interne e l'intensificazione urbanistica e sociale delle città e delle coste. Tutti al centro! ha finito per creare un doppio danno: lassù gli effetti negativi dell'abbandono; quaggiù l'inquinamento, la cementificazione, lo stress della vita metropolitana.

Quel vasto territorio (più del 60%) che oggi siamo soliti denominare "aree interne" è stato investito da una deriva i cui effetti principali sono stati lo spopolamento, l'emigrazione, la rarefazione sociale e produttiva, l'abbandono della terra, la vulnerabilità idrogeologica e le modificazioni del paesaggio. Si è attivato un circolo vizioso secondo cui la perdita di popolazione è stata assunta come giustificazione dello smantellamento o dell'allontanamento dei servizi, e questo ha alimentato a sua volta

1 N. Revelli, *Il mondo dei vinti. Testimonianze di vita contadina*, Einaudi, 1977.

2 E. Sereni, *Storia del paesaggio agrario italiano*, Laterza, 1961, p. 448.

3 L. Gambi, *I valori storici dei quadri ambientali*, in *Storia d'Italia*, vol. I, *I caratteri originali*, Einaudi, 1972.

lo spopolamento e l'abbandono. Solo parzialmente, e solo in alcune aree, la riforma agraria degli anni Cinquanta e più tardi le aree protette, il turismo e altre forme locali di economia hanno potuto arginare il processo di costruzione di una grande periferia italiana. Bisogna osservare che periferia non si nasce, ma si diventa. Non è colpa del destino, né della natura. Si è trattato di un aspetto nazionale del «grande saccheggio» o della «miseria dello sviluppo», per usare due espressioni di Piero Bevilacqua[4].

Come è stato efficacemente scritto sul piano sociologico, è stato qualcosa di silenzioso, un processo molecolare e apparentemente spontaneo, senza nessuna epica, senza tragedia, senza eccessi né esplosioni; un diffuso malessere collettivo che si è espresso «con solitaria rassegnazione di individui e gruppi, con buona dose di delusione e una residua speranza»[5]. In una tale direzione hanno agito, in modo convergente, fattori di attrazione urbana e di espulsione rurale, fattori economici e fattori socioculturali: l'affermarsi di nuovi modelli sociali, veicolati dai mass media e in particolare dal nuovo mezzo della televisione comparso negli stessi anni Cinquanta, il miraggio di un reddito fisso e indipendente dal clima, i maggiori servizi e diritti delle popolazioni urbane (il tempo libero, l'assistenza sanitaria, la pensione...), la perdita della dignità sociale della campagna.

Ci siamo spesso interrogati su "dove sono andati" tutti coloro che hanno abbandonato la terra e la montagna, quali traiettorie economiche e sociali hanno alimentato, interessandoci più ai luoghi di arrivo che a quelli di partenza. Ma dobbiamo tornare a domandarci "che cosa è rimasto" lassù, nella grande area interna italiana, rurale, boschiva, pascolativa e piena di paesi. Non il niente, il vuoto; non solo la vulnerabilità di un territorio fragile, non soltanto la desolazione e l'isolamento, ma anche un insieme di risorse di cui le aree centrali non dispongono e non possono disporre; forse rimangono lì, più o meno nascosti, anche i germi di una rinascita territoriale e morale del Paese. La pandemia esplosa nel 2020 ha inoltre riportato l'attenzione sull'importanza delle zone in-

4 P. Bevilacqua, *Miseria dello sviluppo*, Laterza, 2008.

5 M.A. Toscano, *Derive territoriali. Cronache dalla montagna del disagio*, Le Lettere, 2011, p. 17.

terne, meno densamente abitate e più sane, alimentandone in qualche modo l'attrattività, i ritorni, le restanze[6]. *Vado verso dove vengo* si intitola il film di Nicola Ragone (2019), che fa il paio con l'operazione editoriale lanciata da Carmine Donzelli su *Riabitare l'Italia* (2020) e su molte altre iniziative a livello culturale e politico, in primis la Strategia nazionale per le aree interne (Snai) avviata ormai diversi anni fa (2013) da Fabrizio Barca[7].

Come sempre è avvenuto nella Storia, le epidemie e le calamità in genere accelerano processi già in atto. Così anche nel tempo nostro, già prima della pandemia, la fine del mito della crescita intesa solo come crescita economica strettamente collegata all'aumento della produzione, del consumo e dell'uso delle risorse con effetti dannosi sull'ambiente naturale e sulla salute umana, e il peggioramento della qualità della vita nelle città a partire da quelle più grandi hanno alimentato fenomeni di ritorno e di riscoperta delle zone rurali. Una moltitudine di esperienze che non formano ancora un coerente modello alternativo, ma che lasciano intravedere le vie possibili per una rinascita dei territori dimenticati, abbandonati o trascurati.

Queste esperienze, espressione di una realtà che anticipa la politica, devono costituire la spinta a invertire il punto di vista, a guardare all'Italia non più soltanto dalle grandi città – Roma, Milano, Napoli – o da un centro che osserva e governa le sue periferie, ma dai monti del Molise e dalle colline del Piemonte o delle Marche, come da un qualsiasi altro paese o contrada della penisola, dalla Sicilia al Trentino. Sembra di intravedere un Paese diverso, scorgendo equivoci, paradossi, dialoghi spezzati, ma anche una ricchezza celata dall'abbandono, dietro le finestre chiuse, lungo le siepi dei campi che sono tornate ad essere bosco, nei superstiti usi civici o gestioni collettive delle risorse, nei valori e nelle tradizioni non ancora spente del tutto, nell'inquietudine di chi è rimasto ma anche nel desiderio di una rinascita delle comunità locali come componenti significative della società italiana, dell'intera società e non soltanto di quella locale.

6 V. Teti, *Pietre di pane. Un'antropologia del restare,* Quodlibet, 2011.

7 D. Cersosimo e C. Donzelli (a cura di), *Manifesto per riabitare l'Italia*, Donzelli, 2020.

Ora che, pur tra molti problemi, c'è un movimento di ripresa di attenzione sul territorio e sulle aree interne, con una strategia nazionale e tante iniziative locali in atto, è necessario capire il declino e progettare la rinascita, ponendoci nella prospettiva di superare l'approccio centralizzatore per promuovere un cambiamento radicale del modello di sviluppo, avendo consapevolezza piena del fatto che gli squilibri e le diseguaglianze territoriali del Paese non si potranno superare applicando alle aree fragili lo stesso modello che le ha marginalizzate. Questa vasta Italia, ingiustamente definita "minore", contiene risorse diffuse, ricchezze e bellezze utili non solo ai pochi abitanti rimasti, ma a tutta la società. Qui, nei territori di civiltà antiche, si è accumulato nel tempo un patrimonio diffuso fatto di prodotti, ambiente, paesaggi, valori culturali, salute e virtù civiche che oggi tornano ad essere necessarie per rispondere alla crisi del presente, una crisi al tempo stesso economica, sociale, politica e infine – come stiamo vedendo - anche sanitaria. È necessario riconsiderare i flussi tra centro e periferia e riabilitare le funzioni tra città e campagna, portare i margini al centro, o il centro in periferia[8].

C'è stato un lungo tempo in cui la città era attrattiva nell'immaginario collettivo: "L'aria della città rende liberi" si pensava nell'antica Grecia; allo stesso modo suonava un proverbio tedesco del Medioevo, ripreso ancora ai primi del Novecento da Max Weber, che alludeva alla conquista della libertà tramite la cittadinanza[9]; così si è creduto fino al grande esodo rurale dell'età contemporanea. In una società prevalentemente rurale, i contadini che si trasferivano in città potevano liberarsi dai vincoli di subordinazione, dai retaggi feudali. Si andava in città per evadere da un mondo duro e ingiusto, per cercare fortuna, per sperare in un destino migliore, spesso trovando in realtà altro disagio e solitudine. Ora sono le zone rurali, interne o montane, che tornano ad essere simbolo di libertà e di salute, laboratori di nuovi stili di vita e di riconciliazione ambientale, tanto da far pensare al ribaltamento dell'antico motto: l'aria della campagna rende liberi.

8 G. Carrosio, *I margini al centro. L'Italia delle aree interne tra fragilità e innovazione*, Donzelli, 2019.

9 M. Weber, *La città*, Milano, Bompiani, 1985 (ed. or. 1922).

Si potrebbe avviare così la rivincita del territorio, l'affermazione del «principio territoriale»[10], rimettendo in moto le vaste campagne e i mille e mille paesi che punteggiano da nord a sud il territorio italiano: un *Paese di paesi* che ha adottato un modello urbanocentrico, prima industrializzato, poi terziarizzato, infine spaesato[11]. È il tempo di risalire, riabitare i paesi, coltivare le campagne, riattivare servizi diffusi per garantire i diritti essenziali – istruzione, salute, lavoro, mobilità –, rispettare e curare il territorio per ricostruire un rapporto equilibrato con la natura buona e per limitare i danni di quella cattiva. Tutti al centro! è stata un'illusione, quasi un imbroglio, per divenire infine una chimera, metafora sbiadita della stanca modernità del nostro tempo.

10 A. Magnaghi, *Il principio territoriale*, Bollati Boringhieri, 2020.

11 R. Pazzagli, *Un Paese di paesi. Luoghi e voci dell'Italia interna*, ETS, 2021.

“La natura cura megalopoli”

di Ilaria Agostini

Le archistar si affidano alle virtù della Natura per curare i mali di Megalopoli. Una fiducia che postula il ruolo subalterno del *vivente non umano*: mercificato, computato e messo a valore quale impresa di servizi compensativi delle disfunzioni urbane.

“Portare la natura nelle città” o “avviare la forestazione delle metropoli” sono enunciati che, per quanto apparentemente sovversivi, risultano del tutto organici alla retorica megapolitana. La “foresta urbana”, ad esempio, risponde al desiderio contemporaneo di *wilderness*: un’aspirazione prontamente sussunta dalle forze capitalistiche che la adattano a compensare gli inconvenienti dello sviluppo. Per la capacità della foresta di fissare carbonio, esse ne sfruttano la forza-lavoro: così, lungi dall’agire alla radice del problema, estraggono denaro dal processo di fotosintesi continuando a inquinare.

Nella sua versione *green*, il discorso sviluppista-espansivista contribuisce a rinnovare il mito di Megalopoli[1], forma “urbana” congeniale al paradigma basato sull’eccezionalismo della specie umana e sull’individualismo utilitarista. Megalopoli, che poco ha a che fare con la natura (se non in senso estrattivo), è uno strumento di dominio territoriale, coloniale, capitalistico, gerarchico, patriarcale. Un dominio che si fonda su una “naturale” polarizzazione verso le aree metropolitane, poste al

1 Rimando al mio *Megalopoli e il destino della città. Per una critica al gigantismo*, in E. Scandurra, I. Agostini, G. Attili (a cura di), *Biosfera. Il pianeta che abitiamo*, DeriveApprodi, 2020, pp. 133-166.

centro di *megaregions*: territori rapinati e offesi per la sopravvivenza stessa di megalopoli, desertificati.

Megalopoli è intesa come destino ultimo della città. La sua figurazione ha tenore dogmatico. Come ogni propaganda, funziona in forza dell'annuncio, ed elude quindi di fornire le prove scientifiche capaci di avvalorare il modello. Anzi, sono proprio le contraddizioni del modello a fornire vigore argomentativo per convalidarne il successo: se Megalopoli produce criticità (divario sociale, ingiustizia ambientale etc.), è la stessa Megalopoli che detiene gli strumenti per superare le criticità da essa prodotte. E così – dissipatore ed entropico, patriarcale e profondamente iniquo, artificiale e a «infecondità programmata»[2] – il modello megapolitano è rappresentato come unica via di salvezza al cospetto delle "minacce" globali, ambientali e politiche.

Nella narrazione imperante, di taglio economicista, la Natura gioca oggi un ruolo basilare. La sua riduzione a fonte di servizi "ecosistemici", quantificabili e vendibili, rappresenta la nuova frontiera dell'accaparramento. Il coinvolgimento del vivente nella cura della città avviene in forma strumentale a compensazione degli squilibri ambientali urbani, e si limita a «rimedi, aggiustamenti e disinquinamenti»[3]. E a protesi sempre più frequentemente carpite dal vivente non umano: ciò avviene costringendo il vivente a svolgere, in contesti ostili, funzioni preordinate, anche tramite la modificazione genetica. L'ipotesi della personificazione giuridica del vivente – «dotato di diritti che gli sono propri»[4] – non vi è contemplata.

Demandando, dunque, le capacità riproduttivo-generative – inesistenti o insufficienti in un sistema altamente tecnologizzato – la megacittà non giunge a costituirsi come "ecosistema". La sua sopravvivenza ha peraltro un importante risvolto sociopolitico, poiché rischia di fondarsi su strumenti autoritari e disciplinari che possono mettere in crisi la tenuta democratica.

Le ipotesi in voga tra scienziati e archistar (particolarmente solleci-

2 A. Costa, *La nature comme marchandise*, Le monde à l'envers, 2018, p. 24.

3 A. Langer, *Vie di pace/Frieden schließen*, Arcobaleno, 1992, p. 438.

4 Muséum National d'Histoire Naturelle, *Manifeste du Muséum. Humains et autres animaux*, Éditions du MNHN, 2019, p. 41.

tate dalle questioni poste in gioco dalla pandemia) ci aiutano a dipanare il nostro ragionamento. Procediamo per punti.

1) *La ri-delega alla natura.* «La plastica recuperata dai mari può essere usata come combustibile per fornire energia alla città»[5] scrive Saskia Sassen sulla stampa del *think tank* di Tremonti. L'affermazione discende dalla teoria (che si vuole emancipatrice) della "(ri)delega alla biosfera", la quale, a nostro giudizio, rappresenta un travisamento di concetti quali la simpoiesi (ovvero il «con-fare» descritto da Donna Haraway[6]). «Delegare alla natura, [ma] non tornare alla natura»[7] significa coartare il vivente (alghe, muffe, ecc.) a determinate funzioni, e valutare (anche economicamente) i benefici apportati da un organismo o da un insieme di organismi nel risarcimento dei danni antropici alla Biosfera. Le esternalità negative rischiano, tuttavia, di sopravanzare i benefìci immaginati.

2) *La città che sale.* Parigi Smart City 2050, dal punto di vista della mercificazione della vita, non ha rivali. Il progetto per la futura Parigi modella un «ecosistema maturo capace di generare l'energia di cui ha bisogno»[8]. Gli assunti scientifici a sostegno di tale prospettiva superano le leggi della termodinamica: primo fra tutti, «i rifiuti urbani riciclabili all'infinito». Nei progetti dalla grafica accattivante, l'innalzamento della città esistente con superfetazioni cementizie – ma, va da sé, vegetalizzate – combatte la museificazione della città e la gentrificazione, laddove (Milano ne è l'esempio lampante) *greenwashing* e forestazione operano viceversa nel senso della selezione sociale. Nella «città mangrovia», la tour Montparnasse si trasforma in «Central Parc à la verticale»; il «raddoppio» della residenza pubblica si attua con l'apposizione – sopra le case popolari (Hlm) – di prefabbricati in forma di alveare, naturalmente «destinati agli studenti».

5 S. Sassen, *L'ambiente fra città e Biosfera*, «Aspenia», 81 (*Il ritorno delle città-stato*), 2018, p. 74.

6 Si veda, in particolare, il terzo capitolo di D. Haraway, *Chthulucene. Sopravvivere su un pianeta infetto*, Nero, 2019.

7 S. Sassen, *L'ambiente fra città e Biosfera*, cit., p. 74.

8 Le citazioni di V. Caillebaut, nel punto 2, sono tratte da: *Visitons le Paris de 2050*, https://www.youtube.com/watch?v=4OVk6hStEak.

3) *Urbanesimo filantrocapitalista.* Questo filone, nostrano, applica all'urbanistica i principi del capitalismo filantropico. Nell'aprile 2020, quando in piena pandemia i lavoratori più *smart* svernano nelle seconde case immerse nella natura, l'autore dei milanesi Bosco verticale e Torre botanica lancia l'idea: le metropoli adottino i "borghi" nelle aree interne. Il «grande progetto nazionale»[9] – neocoloniale, caritatevole (ma «con vantaggi fiscali e incentivi») – parte dalle quattordici metropoli verso «i 5.800 centri sotto i 5.000 abitanti», concentrandosi proprio su quei centri che l'attrazione metropolitana da decenni ha contribuito a svuotare. Questo moto "umanitario", frutto di un sistema capitalista che «si permette atti di pietà e di compassione nei confronti dei vinti della società»[10], contribuirebbe certo alla depoliticizzazione del processo di ripopolamento delle aree interne.

4) *Città e abitanti sono «un meccanismo bellissimo».* La metafora meccanicista è contenuta in una recente intervista a Carlo Ratti, nella quale l'archistar sovverte la dinamica classica dell'urbanesimo: «non più la città che va alla conquista della campagna e della natura, bensì la natura che ritorna nel cuore delle nostre città»[11]. In questo nuovo idillio, gli inestricabili problemi del traffico veicolare si possono risolvere grazie a protesi informatiche: «un sistema di *slot* come negli aeroporti» egli afferma sul «Corriere». «Ciascuno programma il proprio spostamento, per esempio attraverso una app, e questo consente un tracciamento, come per i contagi, ma in anticipo»[12]. La distopia si fa panottica: la città sposa salute ambientale e controllo capillare degli abitanti.

5) *L'"internet delle case"* descrive una metropoli nella quale sono gli stessi edifici a gestire "la natura", tramite app e sensori. In tempi di coronavirus, i progettisti avviano un ripensamento sull'ambiente domestico. Nel prevedibile futuro susseguirsi di pandemie, è quanto mai ne-

9 B. Giovara, *Coronavirus. Stefano Boeri: «Via dalle città, nei vecchi borghi c'è il nostro futuro»*, «la Repubblica», 20 aprile 2020.

10 C. Galli, *Neoliberismo e ordoliberalismo: caratteristiche e problemi da un punto di vista filosofico-politico*, lezione tenuta presso l'Accademia delle Scienze di Bologna, 25 giugno 2020, ora su https://www.youtube.com.

11 In onda su *Radio Tre Mondo* il 6 aprile 2020.

12 In https://living.corriere.it/tendenze/interviste-design/carlo-ratti-intervista/.

cessario, sancisce Massimiliano Fuksas, il varo di «una legge che vieti la costruzione di case più piccole di 60 metri quadri»[13], ed è a maggior ragione necessario ripensare i sistemi rigenerativi degli ambienti chiusi che diventano casa-ufficio-fabbrica. La «purificazione e il trattamento dell'aria [si potrà attuare] con sistemi semplici ed efficaci» prosegue l'architetto romano «come le lampade a raggi ultravioletti che sono in grado di sanificare». Apparecchi sofisticati – ottenuti con risorse sempre più rare – sostituiscono i sistemi naturali alzando i costi energetici dell'abitare. Niente di nuovo sotto il cielo metropolitano.

6) *Vivere senza suolo*. Nella città che sostituisce i processi naturali con meccanismi tecnici, infine, la sopravvivenza alimentare è garantita dall'agricoltura idroponica e "aterritoriale" (cioè su piattaforme marine), dal *vertical farming* – coltivazione idroponica che avviene in scaffalature illuminate artificialmente, all'interno di un ambiente chiuso che può trovare spazio nelle aree urbane – e dalle coltivazioni *rooftop* che si distribuiscono sui lastrici solari degli edifici. Secondo la narrazione dominante, nelle megalopoli del mondo si può materializzare il sogno delle monocolture senza suolo – che non possiamo qui approfondire –, energivore e dipendenti dall'agricoltura tecnologizzata e dagli organismi geneticamente mutati.

Elementi di critica, con cenni a possibili vie d'uscita

Nelle megalopoli, la *green economy* diviene fondamento di un nuovo ciclo di accumulazione, di rinverditi immaginari, e si trasforma in occasione di investimento per settori finanziari parassiti che, come ha dimostrato Naomi Klein, scommettono sulle catastrofi per moltiplicare i propri profitti.

I progetti sopra descritti sono frutto di «un modo di pensare che prima frammenta e poi connette»[14], e che separa Natura da Cultura. Affer-

13 F. Merlo, *The day after. Fuksas «Ridisegnare lo spazio vitale nella casa post Covid»*, «la Repubblica», 19 aprile 2020.

14 J.W. Moore, G. Avallone, *Ecologia-mondo. Una discussione (parte I)*, «Effimera», 18 settembre 2019, http://effimera.org/ecologia-mondo-una-discussione-di-ja-

ma Jason W. Moore che, in tale frammentazione, l'idea di Natura «è sempre in contrasto con Società, Civiltà, o altri concetti simili». Ciò fa parte di una prassi, «quella [cioè] di dominare gli umani, non solo i suoli, i corsi d'acqua, i campi e le foreste». La Natura, così intesa, diviene «un progetto di classe, un progetto imperiale che ha fuso la produzione di "plusvalore" con l'esercizio di "pluspotere"», diviene una categoria di azione che non può «essere separata dalla dominazione e dall'appropriazione degli esseri umani»[15], da gerarchia e sfruttamento.

Occorre oggi disattivare la «paralisi immaginativa»[16] che blocca la progettualità riferita agli ambienti urbani. Urgono categorie capaci di accogliere le istanze di corporeità, di decolonizzazione del nostro rapporto con la materialità della vita, di simpoiesi. Ordinamenti nuovi, capaci di aprirsi al possibile, all'immaginabile, alla dismissione delle convenzioni imposte, degli stereotipi progettuali.

Stimoli interessanti in tal senso provengono dagli studi femministi, antispecisti, anticoloniali che riescono a produrre consonanze da mettere a frutto nella umana "produzione di spazio" e di mondi "più che umani", multispecifici, relazionali, interdipendenti. Non più dunque la Natura da una parte e l'Uomo dall'altra, ma Umani e Non umani che hanno "fatto la storia" gli uni con gli altri, che hanno creato ambienti di vita gli uni attraverso gli altri, e mai indipendentemente dalle loro connessioni con altri ancora. Non più dunque mondi pensati per umani e curati da non umani, ma mondi pensati per il futuro del vivente.

Per una nuova rappresentazione della vita nelle metropoli, riteniamo infine fecondo quel «vivere nelle rovine»[17] – nell'ambiente, quello ur-

son-moore-e-gennaro-avallone/. Le citazioni che seguono provengono da questa «discussione».

15 Dalla recensione al libro di C. Guillaumin (*Sesso, razza e pratica del potere. L'idea di natura*, Ombre Corte, 2020) di M. Farioli, *«Idea di natura» e rapporti sociali di sesso e di razza: l'epistemologia della dominazione di Colette Guillaumin*, «Carmilla», 4 febbraio 2021, https://www.carmillaonline.com.

16 F. Berardi Bifo, *Il pilota automatico e il caos*, «Comune-Info», 8 febbraio 2021, https://comune-info.net/il-pilota-automatico-e-il-caos/.

17 A. Lowenhaupt Tsing, *Le champignon de la fin du monde. Sur la possibilité de vivre dans les ruines du capitalisme*, La Découverte, 2017.

bano, per eccellenza «costruito dagli uomini per gli uomini»[18], ma edificato in relazione alla sua bioregione e alla disponibilità di risorse[19] – dove le rovine sono «luoghi di incontri [...] segnati dalla contingenza, [nonché] collegamenti segnati dalla precarietà, [che] non danno alcuna certezza». Sono, le rovine, i mondi «multipli e aggrovigliati» dove si fabbricano storie e si alimenta immaginazione. Una «foresta popolata da lotte e esperienze collettive capaci di inventare dal basso nuove pratiche di immaginazione, rivolta, resistenza e riparazione»[20]. Metafora assai più vitale e complessa del paravento arboreo a operazioni di speculazione edilizia.

18 Dalla traduzione italiana dello scritto introduttivo di I. Stengers a Lowenhaupt Tsing, *Le champignon de la fin du monde*, cit., apparsa – a cura di G. Pierazzuoli – su «La Città invisibile», 2 settembre 2019, https://bit.ly/2PQp40t.

19 P. Bevilacqua, *La città. Un ecosistema di beni comuni*, «Scienze del territorio», vol. 3, 2015, pp. 17-26.

20 A. Ghelfi, *Nella foresta dello Chthulucene*, «DinamoPress», 3 novembre 2019, https://www.dinamopress.it/news/nella-foresta-dello-chthulucene/.

"Va tutto bene. Tecnoscienza, capitalismo e nichilismo salveranno il mondo"

di Franco Toscani

L'ibridazione e la simbiosi tra uomo e macchina sono state giustamente, da più parti, definite affascinanti e inquietanti nel contempo. L'accelerazione tecnologica incessante fa sì che l'umanità ibridata o mutante sia ormai alle porte. Si parla infatti di "creature ciborganiche" o di "visioni postcreaturali", di corpi "transumani" trasformati in uno sciame di *bit*.

In un mondo sempre più dominato dalla tecnologia e dagli sviluppi dell'intelligenza artificiale non si sa quale sia il confine al di là del quale l'umano possa modificarsi nel "transumano". Nel 1994 Marvin Minsky prefigurò un mondo abitato da robot, «figli della nostra mente»; un mondo "postumano", in cui la mente viene trasferita in supporti digitali.

Si parla di "transumano" e di "postumano", di "personoidi" (termine oltremodo aberrante e inquietante), quando la tecnologia (ma potremmo anche dire la tecnoscienza, col suo tipico intreccio ormai indissolubile di conoscenza teorica e manipolazione/trasformazione del mondo) permette di intervenire sull'identità di genere o sessuale, consentendo trasformazioni e "potenziamenti" che vanno ben oltre l'ambito dei tradizionali interventi medici, come inserzione di impianti o di protesi.

Si parla già di nuove forme di etica, come la «roboetica» (Minsky), ossia l'etica dei robot intesi appunto come «figli della nostra mente», figli che dovrebbero eticamente rispettare i loro padri, ma non si sa se lo faranno.

Ricordando tutto ciò, Giuseppe O. Longo scrive opportunamente:

> resta una domanda di fondo: è lecito, giusto, etico fare tutto ciò che si può fare oppure esistono limiti che non si debbono superare? Nel loro statuto la scienza e la tecnologia non contemplano il concetto di limite, anzi considerano ogni limite etico, religioso, sociale come un ostacolo provvisorio da superare. E non bisogna dimenticare che dietro la spinta alle innovazioni c'è quasi sempre l'incontenibile brama di profitto delle aziende. È necessario riflettere bene sulle possibili conseguenze di una corsa al 'trans' e al 'post', costruendo scenari quanto più possibile realistici e simulandone tutte le potenziali implicazioni. E non bisogna farsi travolgere dalla corsa al nuovo per il nuovo[1].

Concordiamo ampiamente con quanto scrive qui Giuseppe O. Longo, ma noi vogliamo insistere nel domandare se sarà davvero possibile non superare i limiti. Ogni etica comporta un insieme di istanze, regole, possibilità, scelte e limiti. La scienza e la tecnologia, indisgiungibili dalla brama di profitto nell'attuale civiltà capitalistica e neoliberistica, tendono inesorabilmente non solo a superare ogni limite, ma pure a concepire ogni limite come un ostacolo fastidioso da eliminare.

Dominante infatti è la tensione alla valorizzazione illimitata del capitale, alla quale possiamo aggiungere la logica intrinseca alla ricerca scientifico-tecnologica stessa, che spinge a infrangere ogni limite. Non dimentichiamo neppure il mito del successo, della gloria, della fama a tutti i costi, un mito a cui l'odierna tecnoscienza è tutt'altro che insensibile, nel suo tendere irresistibilmente a fare tutto ciò che si può fare, senza alcun freno. Massimamente pericoloso ed esplosivo per le sorti degli esseri viventi e del pianeta è l'intreccio – che oggi appare indissolubile – fra sviluppo della tecnoscienza e ultracapitalismo.

Non c'è allora etica o cultura del limite e della misura, della responsabilità e del destino che regga e che riesca a contenere l'illimitata volontà di potenza, di dominio e di profitto che ormai minaccia seriamente la sopravvivenza non solo della specie umana, ma di tutti gli esseri viventi sulla Terra.

1 G.O. Longo, *Transumano: ma davvero è bello tutto ciò che è nuovo?,* «Avvenire», 10 ottobre 2019.

Domandiamo ancora: è possibile arginare o porre rimedio alla volontà di fare tutto ciò che si può fare, sapendo che tutto ciò che si può fare non potrà che condurre noi e il mondo intero alla rovina? È possibile tenere insieme, armonizzare l'etica del limite, della misura, della responsabilità e la pratica della tecnoscienza, che tende fortemente a oltrepassare ogni limite e a imporre la propria "logica", costi quel che costi?

Sono gli interrogativi posti sulla questione della tecnica a partire dalla riflessione di Martin Heidegger, Günther Anders, Hans Jonas e Umberto Galimberti.

Da parte mia, ritengo in estrema sintesi che sia molto difficile riuscire a fermarci in tempo nell'attuale corsa verso il baratro e proprio in questi ultimi anni non pochi scienziati (non, quindi, intellettuali o pensatori catastrofisti) ci stanno avvertendo che il tempo è già scaduto, che il pianeta è condannato alla devastazione ambientale e a cambiamenti climatici irreversibili, che la folle corsa da molti ancor oggi concepita *tout court* come "progresso" sta giungendo al terribile capolinea.

Una peculiare nuova forma di *nichilismo* si cela infatti nel culto odierno del "progresso". Cerchiamo di vedere meglio in che senso intendiamo ciò. Il mito attuale della "crescita" e del "progresso" infiniti (o presunti tali) fa venir meno l'esigenza stessa del senso e del fine, perché il "progresso" si dà comunque per garantito, ovvio e assicurato, non si avverte più il bisogno di un progetto cosciente e organizzato per la nostra civiltà. Il fine è già dato nel e dal sistema, che non esige più alcun pensiero, ma solo la *ratio* strumentale-calcolante. Una radicale e peculiare *Gedankenlosigkeit* ('assenza di pensiero'), come aveva già ben intravisto Martin Heidegger nella seconda metà del XX secolo, domina il nostro tempo. Il pensiero viene ridotto a mero calcolo, controllo e misurazione, ogni altra forma di pensiero viene ridimensionata, negata o sottovalutata.

Il sistema dato presenta infatti i suoi meccanismi oliati di efficienza e di produttività, che chiedono soltanto la nostra acritica adesione ad essi. Non v'è più alcun bisogno di *pensare*, *intenzionare*, *scegliere*, *finalizzare* in senso forte, perché il nostro destino è dal sistema già segnato/assegnato e gli uomini, nella logica della razionalizzazione capitalistica e neoliberistica non sono altro che produttori/consumatori. Questa è l'alienazione di cui tutti soffriamo – anche se non sempre ce ne accorgiamo – nel nostro «tempo di privazione», come direbbe Hölderlin. Con ciò, però, il nichilismo è già da tempo fra noi come «ospite inquietante» più o meno percepito come tale, nel disorientamento che ci pervade, nell'universale venir meno del fine, del senso, della direzione della civiltà planetaria.

L'ebbrezza tecnologica e la volontà di potenza illimitata fanno dimenticare quelli che Hans Jonas chiamò il peso e la benedizione della mortalità, il fardello enorme e, nel contempo, la grazia, il fascino indicibile dell'esistenza e della condizione umana.

"L'assassinio dell'ambiente è un male necessario"

di Francesco Novelli

Iole sta salendo al castello Monforte e alla chiesa della Madonna dei Monti a Campobasso; area boschiva di relax, luogo di culto religioso ma anche di memoria civile. Di tanto in tanto si ferma per prendere fiato e, nello stesso momento, anche per osservare meglio tutto quel verde disordinato ma bello, che si inerpica lungo i pendii del monte fino alla chiesa della Madonna e al castello, che sono su su, in cima. La voce improvvisa che sente salutarla la fa sobbalzare, quasi spaventandola...

FRANCO

«Iole, perché sei così triste? A cosa stai pensando salendo sui Monti verso il castello Monforte e la chiesa della Madonna? Vedo che sei pensierosa e mesta; per noi, che qui viviamo da sempre, questo è un luogo magico, fantastico, incantato, perché dagli alberi, sempre verdi, sembra di sentire le voci e di vedere le figure di piccole ombre, gli elfi degli alberi, che sorridono, guardandoci in maniera benevola. E il rumore delle foglie, il canto melodioso degli uccelli li senti pure tu? È proprio un incanto che trasmette una sensazione di benessere, identica nella sua piacevolezza a quella che percepivamo alla lettura di tante pagine di *Bàrnabo delle montagne* e de *Il segreto del Bosco Vecchio* di Dino Buzzati che leggevamo insieme con la mamma».

IOLE

«Sì, certo che la ricordo. Pensarci mi procura una profonda malinconia e un senso di smarrimento, e questo fa parte di quel convincimento che ho maturato da un po' di tempo, cioè che da soli non si va da nessuna parte e che è necessario sentirsi parte di una comunità vera per affrontare e risolvere i problemi che la vita e la quotidianità ci pongono davanti, come del resto questa dolorosa esperienza della pandemia del Covid-19 ci sta dimostrando amaramente. Di qui la perfidia delle scelte legate al solo guadagno economico, e cosa ancora più grave, alla distruzione del territorio, della Natura. Sì, sono triste e preoccupata nel vedere che tutto qui sopra appare trascurato e fatto oggetto di commenti negativi da parte dei miei concittadini, che però appaiono civicamente esangui. Sono triste per l'abbandono in cui si trova questo, una volta, delizioso luogo dei giochi adolescenziali, che vedeva tanti giovani della tua generazione, ba', divertirsi sugli alberi a costruire capanne con le frasche e con i rami più robusti, svagarsi correndo all'impazzata fra il verde e i dirupi e giocando a nascondino; che tra, l'altro, appariva, come sento dire da più parti, leggendolo anche dalle cronache locali, forse il gioco più condiviso. Svago che la mia generazione non ha praticato più. Tuttavia, ba', ti voglio esprimere con forza un mio intimo pensiero: per me i Monti con i loro pendii hanno ancora una peculiarità meravigliosa, che è quella di una vegetazione scomposta, disordinata, sì, ma fiorente e a tratti, a seconda della stagione, anche lussureggiante. Basterebbe una manutenzione ordinaria per rendere a tutti godibile questo bosco, che sa di antico, e chiamarlo, come mamma e tu mi avete insegnato, con il nome di "terzo paesaggio". Intendo quella parte di territorio, coperto di verde, che appare incolto, ma nello stesso tempo costituisce un luogo in cui va a rifugiarsi, e a continuare a vivere, quell'universo multiforme di animali e piante, fonte primaria della biodiversità, che noi tanto cerchiamo di difendere, auspicando che sopravviva, nonostante tutto. Una biodiversità che, per non scomparire, si insedia proprio là dove le ruspe e la brutale cementificazione abitativa tutto distruggono. Così in questi habitat, all'apparenza abbandonati e trascurati, la biodiversità potrebbe ancora sopravvivere e continuare ad essere il legame con la civiltà agro-pastorale, contadina, preindustriale, che noi non rimpiangiamo irrazionalmente, ma di cui dovremmo ancora tener presenti alcune caratteristiche che ce ne farebbero apprezzare il vantaggio, l'utilità nel custodirla ancora oggi. Età, oggi, in cui prevalgono la distrazione civile, il disimpegno politico, la superficialità egoistica del sentire, che pongono al centro solo il mondo individuale, il *noli me tangere* estremamente egocentrico che pretende di muoversi solo a danno degli altri. Quella presunzione individualistica del sé, dell'io che le dottrine neocapitalistiche e finanziarie impongono come la sola strada per affermare la propria personalità e la propria, inquietante, faziosa incultura. Ti faccio, ba', un esempio: pensiamo al potere tecnoeconomico che scarica sui più deboli la responsabilità della loro condizione di povertà, di mancanza di lavoro, di essere migranti, espressione della più cocente emarginazione e del più preoccupante immiserimento».

FRANCO
«Stai pensando sicuramente alle attuali condizioni sociali ed economiche di assurdo e inquietante scivolamento nella povertà di milioni di donne e uomini nel mondo a causa della pandemia da Covid-19. Nello stesso tempo suppongo che tu guardi a Greta Thunberg e alla sua campagna mondiale contro l'inquinamento atmosferico e contro la distruzione del territorio per la salvaguardia del pianeta Terra».

IOLE
«Sì, penso proprio a queste tristi condizioni che ci stanno procurando dolori e sofferenze che non immaginavamo di provare e che potrebbero definitivamente spingerci verso la rovina. Ma che folle è l'uomo! Non credi, ba'?»

FRANCO
«È così, Iole! E sono davvero molto triste al solo pensare che è proprio l'uomo a distruggere il pianeta Terra con il suo viscerale e colpevole sfruttamento delle risorse che essa, pur a fatica, riesce ancora a preservare. Questo mio convincimento deriva non solo dall'osservazione del reale, ma anche dall'ammettere quanto ancora efficaci siano le teorie degli anarcocapitalisti, i quali, a proposito delle inefficienze dello Stato, sottolineano la rilevanza preponderante delle scelte individuali, legate alle logiche del mercato e del profitto».

IOLE
«Io penso che la strada indicata da Greta con la sua tenacia e con il suo sguardo affabile ci faccia ben sperare e ci spinga a metterci alle spalle quella infida sfiducia che il mondo e il comportamento degli adulti ci comunicano ad ogni istante. Vedi, ba', tanti hanno scritto sul neocapi-

talismo, sulla sua filosofia dell'arricchirsi a danno degli altri, del pensare soltanto a se stessi, il famoso *noli me tangere*, presumendo che il successo personale sia un segno distintivo di capacità, di abilità, di talento; invece, chi non si arricchisce è ritenuto un incapace, un mediocre, un inetto. Vedi, ba', ora io voglio essere dalla parte di coloro che le teorie economico-finanziarie del neocapitalismo definiscono come inetti, incapaci, emarginati, ma anche di tutti coloro che amano la Natura, che ritengono che il territorio con le sue città, i suoi borghi, con le sue economie locali sia il Bene Comune, per eccellenza. E questo Bene Comune va difeso, valorizzato e, quindi, preservato, concesso a noi più giovani e alle generazioni future. Per questo penso che rimanere chiusi in se stessi, considerarsi egoisticamente il centro del mondo sia un danno che si produce all'intera collettività. Serve che ciascuno di noi torni ad amare la polis, la città, e si metta insieme agli altri per tornare a pensare, come ha fatto una buona percentuale di giovani della tua età, ba', che si può vivere in un mondo migliore. Ora io affermo con forza questo convincimento specialmente in questa disgraziata stagione della pandemia del Covid-19, nella quale ci troviamo sofferenti, noi che l'abbiamo provocata. Un piccolo batterio ha messo in ginocchio il capitalismo, che presumeva fino a un anno fa di essere invincibile, ma che ora annaspa terribilmente dando la sensazione, nonostante tutto, che voglia ancora far male a noi e alla Natura. C'è un solo modo di uscirne davvero ed è quello che la biodiversità culturale s'impossessi di tutte/i noi, facendoci conoscere un nuovo umanesimo. E il modo ce lo hanno proposto, suggerito in tanti; ma tra costoro vorrei ricordare un personaggio fondamentale per la nostra tradizione sociale e culturale, che in parte ha anticipato due mostri sacri, come Karl Marx e Sigmund Freud, e cioè Giacomo Leopardi con la sua forte, risoluta, pressante proposta della *social catena*; grazie alla quale potremmo anche immaginare e vivere per il "sogno di una cosa"».

"La tutela del paesaggio impedisce lo sviluppo economico"

di Antonio Battista Sangineto

L'Italia possiede un bene ineguagliabile che è rappresentato dall'enorme patrimonio culturale stratificatosi per più di trenta secoli e in maniera capillare nell'ordito armonico delle nostre antiche città, dei nostri musei, delle chiese, dei siti archeologici, dei palazzi dei nostri centri storici immersi nel paesaggio.

Il filosofo e archeologo francese Quatremère de Quincy, già alla fine del Settecento, aveva elaborato il concetto di paesaggio, di contesto storico-culturale di cui l'Italia, tutta, era l'esempio più evidente e fulgido. L'archeologo, nelle sue lettere (II e IV) a Francisco de Miranda, nel 1796 scriveva:

> Quale artista non ha provato in Italia quella virtù armonica tra tutti gli oggetti delle arti e il cielo che li illumina; e il paese che serve loro quasi da sfondo [...]. Il vero museo di Roma, quello di cui parlo, si compone, è vero, di statue, di colossi, di templi, di obelischi, di colonne trionfali, di terme, di circhi, di anfiteatri, di archi di trionfo, di tombe, di stucchi, di affreschi, di bassorilievi, d'iscrizioni, di frammenti d'ornamenti, di materiali da costruzione, di mobili, d'utensili, etc. etc. ma nondimeno è composto dai luoghi, dai siti, dalle montagne, dalle strade, dalle vie antiche, dalle rispettive posizioni della città in rovina, dai rapporti geografici, dalle relazioni fra tutti gli oggetti, dai ricordi, dalle tradizioni locali, dagli usi ancora esistenti, dai paragoni e dai confronti che non si possono fare se non nel paese stesso[1].

1 A.C. Quatremère de Quincy, *Lettres sur les préjudices qu'occasionnerait aux arts et*

Il paesaggio italiano è, dunque, l'immagine, lo specchio della ragione[2] e come tale presuppone – in coloro che vi lavorano, erigono palazzi, costruiscono piazze, strade, ponti, case, fabbriche e scuole, modificandone il volto – un'intima partecipazione al diritto di goderne, di gioirne e di apprezzarne la bellezza. Il sentirsi italiani e il senso di cittadinanza e di appartenenza al nostro Paese sono strettamente collegati al patrimonio della cultura che si è depositato, per millenni, sul territorio italiano. Perché, come scriveva Ranuccio Bianchi Bandinelli:

> L'Italia è considerata giustamente il paese più ricco di monumenti artistici, segni visibili di una altissima civiltà, che un tempo fu di insegnamento e di modello all'Europa; il paese dove più fitte e più dense sono le stratificazioni storiche [...] e queste stratificazioni storiche hanno lasciato ovunque una traccia così ricca, che non ha eguali in nessun altro paese. È questa stratificazione che conferisce all'Italia e agli italiani un particolare modo di essere, l'essenza stessa delle nostre personalità[3].

L'autorità sulla tutela del paesaggio e dei beni della cultura è prerogativa della Repubblica, del ministero, dello Stato, dunque, e non delle Regioni, tre delle quali chiedono, ora, il trasferimento delle funzioni delle soprintendenze, organi periferici del ministero per i Beni culturali, violando in questo modo persino l'articolo 9 della Costituzione: «La Repubblica promuove lo sviluppo della cultura e la ricerca scientifica e tecnica. Tutela il paesaggio e il patrimonio storico e artistico della Nazione», che è nella prima parte, quella teoricamente intangibile, della Carta. Le Regioni Lombardia, Veneto ed Emilia-Romagna, chiedendo il trasferimento delle funzioni delle soprintendenze Abap, vogliono la manovrabilità sui tributi regionali e locali, violando il sopracitato articolo 9. Se dovessero passare queste richieste modifiche anticostituzionali e antiunitarie – non solo politiche, ma anche storico-culturali – la

à la science le déplacement des monuments de l'art de l'Italie, Desenne, Palais Égalité, AN 1 V, 1796.

2 L. Sciascia, *Il Consiglio d'Egitto*, Einaudi, 1963, p.127.

3 R. Bianchi Bandinelli, *AA., BB. AA. e B.C. L'Italia storica e artistica allo sbaraglio*, De Donato, 1974, p. 29.

tutela e la valorizzazione del patrimonio italiano, su cui si fonda il nostro comune sentire, verrebbero sminuzzate. Il Bel Paese e i suoi paesaggi ne risulterebbero devastati, frantumati e perderebbero definitivamente «quella virtù armonica tra tutti gli oggetti delle arti e il cielo che li illumina» celebrata da Quatremère de Quincy[4].

La devastazione della gran parte del paesaggio italiano e delle città, soprattutto del Mezzogiorno, è la dimostrazione che il riconoscimento e la produzione della bellezza sono attività che i cittadini, specie quelli meridionali, non hanno esercitato, compreso e interiorizzato da troppo tempo. La classe dirigente e i cittadini italiani non hanno ancora compreso, non hanno voluto comprendere, che con la scomparsa del paesaggio e delle antiche città si scardinava un fondamentale nesso psicologico di formazione "identitaria" perché la stabilità dei luoghi garantisce alle società un senso di "perpetuità", in grado di conservare l'identità individuale e collettiva.

Il paesaggio agrario che, alla fine della Seconda Guerra Mondiale, sembrava ancora immoto agli occhi di Silone[5] e persino di Pasolini[6], a partire dagli anni Cinquanta del secolo scorso viene, invece, devastato e consumato in maniera sempre più impetuosa. Nell'ultimo ventennio del XX secolo il processo di riduzione a merce del suolo e del paesaggio agrario ha subito un'ulteriore e violentissima accelerazione.

In Italia, fra il 1990 e il 2005, ben il 17% (più di 3 milioni e mezzo di ettari) della Superficie agricola utilizzata, la Sau, è stata cementificata o degradata e, per esempio, la Calabria è in cima a questa classifica negativa con oltre il 26% del suolo consumato, subito dopo la Liguria, prima con il 45%, con l'inevitabile dissesto idrogeologico che ne consegue[7]. Un'altra statistica[8] ci dice che, al 2001, ben 7 vani su 10

4 A.C. Quatremère de Quincy, *Lettres*, cit.

5 I. Silone, *Le cose per cui mi batto. Scritti su cultura e politica*, Edizioni Spartaco, 2004, passim.

6 P.P. Pasolini, *Una lettera sulla Calabria* in *Saggi sulla politica e sulla società*, a cura di W. Siti e S. De Laude, Mondadori, 1999, pp. 725-730.

7 S. Settis, *Paesaggio Costituzione cemento. La battaglia per l'ambiente contro il degrado civile*, Einaudi, 2010, pp. 3-8.

8 Rapporto Ispra Snpa, *Il consumo di suolo in Italia 2014*, Roma, 2015.

del patrimonio edilizio italiano erano stati costruiti nei soli 55 anni precedenti, ma anche che il consumo di suolo per abitante nel 1950 era di 178 metri quadrati, nel 1989 di 286 metri quadrati e nel 2012 di 369 metri quadrati. Le Regioni meridionali contribuiscono più delle altre all'enorme consumo del suolo, prime fra tutte la Calabria con 1.243.643 alloggi, di cui 482.736 vuoti, per poco meno di 2 milioni di abitanti, con la conseguente percentuale più alta di alloggi vuoti: il 38% (Istat). E se in Lombardia ci sono 5 abitanti per edificio, in Toscana poco più di 4, nel Lazio circa 5; nelle regioni meridionali, invece, abbiamo meno di 3 abitanti per edificio in Sardegna e in Sicilia e, addirittura, solo 2,5 abitanti in Calabria. L'aumento più evidente dell'abusivismo edilizio si osserva in Molise, Calabria e Basilicata che registrano, fra il 2002 e il 2010, indici medi intorno al 35% delle nuove abitazioni (25% in Basilicata). La Calabria ha 798 chilometri di coste dei quali ben 523 (il 65% del totale) sono urbanizzati, trasformati da interventi antropici legali e abusivi: gli abusi lungo la costa calabrese, secondo una ricerca commissionata dalla Regione Calabria all'Università di Reggio Calabria erano ben 5210: uno ogni 153 metri[9]!

Le azioni che, più di tutte, contribuiscono al consumo del suolo sono: la sottrazione di aree a diversa destinazione originaria (naturale o agricola) ad opera di nuova edificazione (residenziale in prevalenza, ma anche produttiva e infrastrutturale) e l'impermeabilizzazione delle superfici naturali (*soil sealing*) che si caratterizza con l'irreversibilità delle caratteristiche originarie dei suoli, dissesto idrogeologico e modifiche del microclima. La diminuzione di Sau si mostra, molto frequentemente, con il cosiddetto *urban sprawl*, cioè con un processo di urbanizzazione non pianificato e a elevata dispersione insediativa.

L'accentuarsi, in questi ultimi decenni, dell'assenza di pianificazione, la dissoluzione dei punti di riferimento del sistema territoriale, l'*urban sprawl*, l'urbanizzazione dei piccoli centri, la crisi e la trasformazione dell'agricoltura accompagnata dall'insaziabile consumo di suolo e la formazione sempre più estesa di un Terzo paesaggio[10] hanno tra-

9 Regione Calabria, *Decimo rapporto sul turismo*, Cosenza, 2010.

10 G. Clément, *Manifesto del Terzo paesaggio*, Quodlibet, 2005 (trad. it. di *Manife-*

sformato i paesaggi rurali e urbani in una realtà sempre più indecifrabile e frantumata.

La realtà dei dati dimostra che il paesaggio e la Superficie agricola utilizzata, invece che essere d'ostacolo allo sviluppo delle attività economiche industriali, turistiche, logistiche, ecc., sono stati consumati in maniera tumultuosa, spregiudicata e, spesso, illegale ai fini del profitto. Il consumo del nostro suolo ha galoppato, nel 2020, al ritmo di 2 metri quadrati al secondo, 57 chilometri quadrati in un anno, tanto che ognuno degli italiani avrebbe oggi a "disposizione" 355 metri quadrati di superfici costruite (erano 351 nel 2017 e 353 nel 2018)[11].

Un gigantesco consumo dei paesaggi e della natura che è stato possibile operare grazie a una illusione diventata ben presto un trucco ideologico: la falsa infinità della natura[12]. Come se produzione e consumo non fossero consumo di suolo e di natura, che non sono materie prime inerti, ma mondo vivente, equilibri fragili e complessi, biodiversità, risorse, suoli, clima. A questo proposito Bevilacqua nota che se, grazie a Marx[13], noi conosciamo il *tempo-lavoro*, il *tempo di lavoro della natura* è rimasto, invece, sepolto nel silenzio, ma: «c'è un tempo del mondo fisico inosservato che opera silenziosamente accanto agli uomini, senza il quale nessuna ricchezza sarebbe possibile»[14]. L'*humus*, la porzione fertile della terra, si è formato con un processo che è durato millenni e che non è riproducibile, mentre noi stiamo consumando questo terreno fertile a una velocità straordinaria[15].

ste du Tiers paysage, Edition Sujet/Objet, 2004); Id., *L'Alternativa ambiente*, Quodlibet, 2015.

11 Rapporto Ispra Snpa, *Il consumo di suolo in Italia 2020*, Roma, 2021.

12 P. Bevilacqua, *L'ecologia del tempo. Uomini e natura sotto la sferza di Crono*, Castelvecchi, 2018, p. 46. Cfr. anche Id., *Felicità d'Italia. Paesaggio, arte, musica, cibo*, Laterza, 2017; Id., *La terra è finita: breve storia dell'ambiente*, Laterza, 2006; P. Bevilacqua, R. Pazzagli, G. Biagioli, S. Russo, *La storia alla prova del territorio* in *Scienze del Territorio*, Firenze University Press, 2017.

13 K. Marx, *Il Capitale*, III, Editori riuniti, 1974, pp. 886-887.

14 P. Bevilacqua, *L'ecologia del tempo*, cit., p. 39.

15 Ivi, p. 42.

In Italia si continua a cementificare così tanto, nonostante il declino demografico e socioeconomico, per creare rendite fondiarie e immobiliari che facilmente diventano comode rendite finanziarie. Le scellerate politiche urbanistiche degli ultimi anni hanno favorito l'accelerazione della cementificazione senza praticamente alcuna tutela e attenzione all'ambiente e al paesaggio; assenza di tutela che, del resto, è resa ancor più evidente dalle continue deroghe per le grandi opere o da provvedimenti come lo "Sblocca Italia".

Gli sconfortanti dati sopra riportati mettono in evidenza quanto l'attuale incapacità da parte degli italiani, e dei meridionali in particolare, di distinguere, salvaguardare, e di produrre la bellezza sia diventata una condizione patologica permanente della psiche, individuale e collettiva. La bruttezza genera disarmonia, produce incapacità di distinguere il bello dal brutto, il vero dal falso, il giusto dall'ingiusto, produce assuefazione all'assenza di regole estetiche e morali, genera immoralità e illegalità diffuse, quindi, 'ndrangheta, camorra e mafia.

In una temperie culturale nella quale il bello e i valori estetici tendono a essere antifunzionali e antieconomici perché di ostacolo all'efficienza e alla misurabilità economica, la consapevolezza che una città del Mezzogiorno considerato improduttivo, Matera, sia stata scelta come capitale europea della cultura ci infonde una, flebile, speranza.

La tutela del paesaggio non solo non impedisce il pieno sviluppo economico, ma è, al contrario, la scomparsa del paesaggio e la distruzione di un sapere collettivo, in assenza della tutela, che ostacolerebbe e frenerebbe la crescita sociale, culturale ed economica di un territorio, di una regione, di una nazione. Dovrebbe essere l'enorme patrimonio culturale e naturale dell'Italia a interagire, sistemicamente, con un paesaggio rurale e urbano non sfigurato, con un sostrato enogastronomico ancora ricco e vivo, con la tradizione millenaria della nostra biodiversità agricola dispiegata in un paesaggio armonicamente produttivo.

Uno dei primi atti del *New Deal* di Franklin Delano Roosevelt fu quello di progettare e finanziare un gigantesco piano di restauro del territorio che impegnò, a partire dal 1933, alcune centinaia di migliaia di ragazzi fra i 18 e i 25 anni. Negli anni che seguirono due milioni di giovani lavoratori, chiamati l'Armata degli alberi di Roosevelt, piantarono 200 milioni di alberi, rifecero gli argini dei torrenti, allestirono laghetti artificiali per la pesca, costruirono dighe e strade di collegamento, scavarono canali per l'irrigazione, gettarono ponti, combatterono le malattie degli alberi, ripulirono spiagge e terreni incolti[16]. Ecco cosa ci vorrebbe per l'Italia e, segnatamente, per il Mezzogiorno: un *Green New Deal* fondato sul restauro dei paesaggi naturali e storici, dei paesaggi agrari e urbani; un *Green New Deal* nel quale la "redditività" del nostro patrimonio storico e naturale non risieda solo nella sua commercializzazione, ma in quel profondo senso di appartenenza, di identificazione, di cittadinanza che creerebbe la ricomposizione materiale e immateriale dei luoghi, dei paesaggi. Bisogna, insomma, che la classe dirigente italiana e meridionale, portatrice di questo sapere intellettuale collettivo, riesca a concepire e a realizzare un gigantesco e capillare piano di risanamento dei paesaggi rurali, dei mari, dei boschi, dei fiumi e delle coste che impegni, da subito, alcune decine di migliaia di giovani.

16 W.D. Pederson, *The FDR Years*, Library of Congress, 2006; K. K. Patel, *Il New Deal. Una storia globale*, Einaudi, 2018.

“Semplificare, semplificare, qualche cosa ne uscirà fuori”

di Enzo Scandurra

Cosa c’è di unificante nel linguaggio e nei discorsi di tutti partiti politici che produce l’attuale egemonia culturale? Perché non c’è dubbio che, fatta qualche irrilevante distinzione, essi parlano lo stesso linguaggio, usano la stessa grammatica e adottano gli stessi simboli: crescita, sviluppo sostenibile, Pil, progresso, benessere e via dicendo, senza neppure mai chiarirne i significati.

Tuttavia questi linguaggi riscuotono “successo” tanto da diventare luoghi comuni e da produrre una indiscussa egemonia culturale dei nostri tempi. Nel campo delle grandi opere, ad esempio, vale il principio che esse siano indispensabili, quasi “naturali”: perché non costruire treni che viaggiano sempre più veloci, fare buchi nelle montagne che uniscono luoghi fino ad allora separati, perché non continuare a trivellare il suolo se possiamo ricavarne energia e, dunque, sviluppo e perché non fermare il mare che invade la lacuna di Venezia con un semplice dispositivo meccanico? A questa forza persuasiva del riduzionismo occorre ogni volta contrapporre un’argomentazione più articolata e complessa ben più difficile da spiegare e ancor più da comprendere, ovvero l’idea che il mondo non è una macchina banale e come tale non può essere governata da semplici dispositivi deterministici.

Il banchiere inglese Thomas Gresham, nel XVI secolo, affermava l’assunto secondo il quale la moneta cattiva scaccia sempre quella buona. Riportata ai nostri giorni, esso può tradursi in questi termini: le idee ultrasemplificate prevalgono sempre su quelle nuove e complesse. Cosa c’è di più meccanicistico che affermare che le istituzioni intermedie non servono considerato che il popolo è in grado di riconoscere i propri bisogni più di chiunque altro e, dunque, di governarsi da solo?

Il riduzionismo come metodo conoscitivo e come senso comune è non solo alla base della scienza moderna, ma è anche uno dei pilastri del pensiero occidentale. La sua invenzione si deve a Galilei che, per primo, separò il singolo fenomeno dal contesto in cui avveniva inaugurando il moderno metodo scientifico: scomporre le parti, recidere le connessioni, svolgere sensate osservazioni e verificarle con sicure dimostrazioni. Questo metodo ha portato indubbi progressi; servì a Galilei per superare le vecchie descrizioni metaforiche utilizzate nella metafisica in epoche precedenti e a dimostrare, con Newton, che fenomeni apparentemente diversi potevano essere facilmente spiegati con un'unica legge (per esempio la legge gravitazionale).

Ma lo stesso Galilei e soprattutto i suoi epigoni si sono spinti ben oltre fino a dichiarare che la natura è scritta nel linguaggio della matematica, ovvero trasformando il riduzionismo metodologico in riduzionismo ontologico che, secondo le parole di Marcello Cini, «è un processo conoscitivo in cui la mente proietta le sue categorie sulla realtà per ordinarla estraendone oggetti e relazioni».

Nella sfera della politica questo processo ha assunto una sua dimensione particolare: Berlusconi pensava che il Paese-Italia fosse assimilabile a una delle sue tante aziende, Salvini che gli immigrati tolgono il lavoro agli italiani e ora il M5s concepisce il pensiero che il Parlamento sia un ostacolo al dispiegarsi della politica.

Il mondo, malgrado i processi della scienza che ha ridimensionato l'ambito dei fenomeni descrivibili mediante separazione dal contesto, resta una *macchina banale* che a un dato input reagisce secondo un altrettanto determinato output. Questa è l'egemonia culturale dei nostri tempi: banalizzare tutto. Siamo circondati da banalizzatori: se una macchina non parte vai dal banalizzatore meccanico che la ripara, se il tuo fegato non funziona c'è il chirurgo banalizzatore che lo sostituisce. E tutto questo contrasta con la complessità del mondo in cui viviamo, con la complessità del nostro quotidiano dove sofferenze, dolori o gioia non sono riconducibili a spiegazioni riduzioniste.

Nella scienza il vecchio riduzionismo viene ancora talvolta utilizzato ma ben sapendo che il suo campo d'azione è ben delimitato allo studio di fenomeni estremamente semplici. La quasi totalità dei fenomeni, dagli organismi viventi alla biosfera fino anche a semplici fenomeni fisici, appartiene al regno della complessità dove man mano che tali fenomeni evolvono compaiono proprietà che non sono riconducibili alle proprietà delle singole parti.

Per fare un esempio sappiamo ora che non è possibile fare previsioni attendibili di eventi meteorologici, come ci insegna il ben noto "effetto farfalla" secondo il quale una tempesta in un determinato luogo può essere causata da un insignificante evento atmosferico sorto in un luogo lontanissimo.

Tuttavia il vecchio riduzionismo spodestato dalla scienza continua a esercitare la sua egemonia in molti campi del sapere diffuso, soprattutto in politica esso offre il proprio terreno culturale a una serie di infondate affermazioni che solo nella politica trovano accoglienza. I politici hanno dimenticato la lezione di Machiavelli che da loro pretendeva in prima istanza che fossero anche bravi educatori.

"La crescita illimitata è irrinunciabile"

di Alberto Ziparo

La crescente accelerazione della crisi climatica e ambientale e i disastri conseguenti basterebbero da soli a significare un drastico mutamento di rotta. Ad essi tuttavia sono da aggiungere altri "guai di fase": guerre, povertà e iniquità sociale, nuove migrazioni epocali, degrado e distruzione di quote crescenti di territorio, dissesti ecologici diffusi, invivibilità delle iperurbanizzazioni, riapparizione di problemi socioculturali già sconfitti dalla Storia del Novecento – fascismi, razzismi, paura del diverso, disagi diffusi collettivi e individuali. Il tutto è aggravato dalla profonda crisi delle forme politico-istituzionali che erano emerse nel Novecento: se il "comunismo realizzato" è stato sconfitto innanzitutto dalle proprie rigidità e chiusure e dalle sue applicazioni burocratizzate, degenerate spesso in potere assoluto, imperiale e devastante; le democrazie liberali sono state via via stravolte dal loro degradarsi in iperliberismo, ulteriormente aggravato dalla pervasività dell'attuale finanziarizzazione globalizzata. Che ha fagocitato nel tempo economia e politica.

Fino a una situazione paradossale in cui un numero limitatissimo di reali e consistenti apparati dirigenti – le direzioni delle grandi agenzie finanziarie, costituite spesso da un numero limitatissimo di soggetti gratificati – sono in grado di controllare e determinare scelte e strategie di istituzioni economiche e politiche a livello planetario. E quindi di imporre direttive generalizzate di portata globale che condizionano i diversi contesti. Ciò comporta enormi benefici economici e sociali per i pochissimi controllori, ma i problemi ricordati in apertura per il resto della società.

L'evoluzione delle vicende sociali e territoriali novecentesche peraltro già indicava chiaramente, all'approssimarsi del passaggio di millennio, la necessità di profonde svolte nelle politiche sia globali che locali, generali e di settore: ma, mentre molti esperti scientifici e le aree socialmente più sensibili o già colpite dagli effetti degli enormi problemi ricordati le invocavano, l'"opinione pubblica" subiva un "bombardamento crescente" da parte di istituzioni politiche e mediatiche al servizio di chi gestiva il gioco, grandi istituzioni finanziarie e agenzie decisionali collegate. Che descrivevano i crescenti problemi sociali, economici, politici, ambientali sotto gli occhi di tutti come "contraddizioni di fase", spesso dovuti ai conflitti espressi "dalle istanze della parte più retriva della società". Quindi non bisognava far altro che alimentare, consolidare, rilanciare lo stesso modello ipersviluppista "del sacro Pil"; che aveva fin lì comportato i problemi e disastri generalizzati in questione. Ovviamente seguitando a ignorare qualsivoglia regola ambientale.

Gli effetti dei disastri, climatici e sociali, si manifestano oggi in alto e in basso: l'incremento di entropia nell'atmosfera, dovuto agli inquinamenti prodotti dalle attività umane, comporta nuovi contributi ad alterazioni già in atto e ulteriori accelerazioni dei fenomeni degenerativi. Si assiste così al verificarsi di fenomeni catastrofici che sembravano dover appartenere soltanto a scenari fantascientifici: dallo scioglimento di poli e ghiacciai eterni, che contribuisce all'innalzamento di mari e all'erosione e sparizione di brani di costa, ai grandi inquinamenti che infliggono lo smog per mesi interi a grandi realtà metropolitane, alla cementificazione di quote crescenti di territori, contraltare dell'abbandono forzato di grandi porzioni urbane, alle deforestazioni con perdita di contesti ecopaesistici sempre più grandi; fino alla "morte dell'organismo territorio", che, in quote crescenti di regioni diverse, tende a perdere la sua parte biotica. Gli effetti delle alterazioni atmosferiche si abbattono così, sotto forma di cicloni, bombe d'acqua, ovvero di ondate di calore e incendi favorite dai forti venti e da siccità prolungate, su territori sempre più fragili, compromessi dall'ipersviluppismo, con relativo consumo di suolo e diffusione del materiale-icona della "solidità dello sviluppo moderno", il cemento; che oggi invece, presente in forte eccesso, indebolisce i territori. Questi ultimi sono colpiti, in altre condizioni, dalla "desertificazione", indotta dalle scelte sbagliate per i contesti socialmente più deboli; in cui sovente è stata cancellata l'unica fonte possibile di sostentamento: il primario agroalimentare.

Nel nostro "Belpaese" abbiamo registrato eloquenti esempi di tali aporie: se la crisi economica e fiscale si manifestava all'inizio degli anni Ottanta, quando finivano i "favolosi Trenta", gli anni dei boom economici postbellici dell'Occidente, le prime avvisaglie dei crescenti problemi ecologici avrebbero dovuto già indirizzare le strategie economiche e territoriali verso opzioni di crescente "sostenibilità". Sostenibilità peraltro facilitata in Italia dalla presenza rilevante e diffusa di patrimoni enormi, paesaggi notevoli e beni artistici e storico-culturali apprezzati a livello mondiale.

Le scelte andavano in tutt'altra direzione: il Sud "in ritardo" si doveva sviluppare con i "grandi poli industriali e infrastrutturali" (di cui l'attuale drammatica situazione dell'ex Ilva di Taranto costituisce coda velenosa). Mentre andava sostenuto il modello industriale vincente del Nord-Ovest (capitalismo monopolistico di tipo anche familistico, già in crisi nella sua parte privata, vedi Fiat, quanto in quella pubblica, vedi Ansaldo). Favorendo invece per il Nord-Est il proliferare crescente – spesso fino alla congestione e alla "autostrozzatura" – dei contesti territoriali della fabbrica piccola e media, e della collegata urbanizzazione diffusa.

Questi ultimi tentativi di politica industriale sono nel tempo miseramente falliti. I "poli di sviluppo" al Sud hanno dimostrato tutte le contraddizioni e le problematicità di investimenti avulsi dal territorio; il modello "importazione di materia prima dal terzo mondo/basso valore aggiunto *in situ*/esportazione di tutto lo stesso valore aggiunto/opzioni capital e non labour intensive/alti impatti ambientali e territoriali" ha mostrato tutti i propri aspetti critici. Presto le aree produttive sono andate in crisi, diventando nel tempo aree di degrado e dissesto ambientale e poi anche drammi occupazionali. Oggi il Sud registra nuovamente fenomeni di emigrazione e desertificazione sociale epocali.

L'industria del "triangolo miracoloso" nella fase del boom economico aveva da tempo concluso il proprio ciclo: se le realtà più attrezzate come Milano e Torino "postmetropolitane" riuscivano nel tempo a riconvertirsi con opzioni sempre più tendenti al terziario avanzato, altri ambiti come quelli liguri o i contesti piemontesi più decentrati subivano la crisi del secondario fino alla depressione sociale.

Esplodeva, soprattutto tra Veneto, Romagna e Marche il modello Nec; che pure nella prima fase sembrava uno scenario socioeconomico territorializzato e vincente. Nel tempo, anche per il suo fondarsi – come sosteneva Francesco Indovina – su una «triplice evasione: ambientale, laddove non si rispettavano le regole urbanistiche ed ecologiche; sociale, con lo sfruttamento intensivo del lavoro, dapprima locale, più tardi immigrato; e fiscale, con il "nero crescente", spesso dominante», il modello finiva per tendere a entrare in fase critica, anche e soprattutto per congestione.

Gli anni Ottanta si chiudevano così con la manifesta e forse irreversibile crisi del sistema industriale italiano. Che peraltro con i suoi effetti, diretti e indiretti, di ricaduta sul territorio svelava un altro aspetto fortemente negativo delle strategie in questione: l'attacco generalizzato ad ambiente e paesaggio di quello un tempo denominato il Belpaese. Il territorio consumato direttamente da scelte economiche e industriali chiaramente sbagliate e illusorie, e gli effetti legati alla crescente e conseguente urbanizzazione stavano infatti cancellando quote enormi di paesaggio, compresi contesti ecologicamente rilevanti, "le meraviglie del Belpaese". Oltre che favorire degrado generalizzato del territorio.

Anche in Italia era arrivata *sprawltown*: anzi il nostro Paese ne diventava presto il capofila mondiale. Il programma Unep/Rutw ci dice che se l'urbanizzazione globalmente è cresciuta di cinque volte dalla Seconda Guerra Mondiale ad oggi, quella occidentale è aumentata di più di sette volte e mezza, quella europea di oltre otto, quella italiana di oltre nove volte e mezza; e nelle tre regioni meridionali ad alta intensità criminale si è registrata un'iperurbanizzazione di oltre tredici volte rispetto a quella esistente nel 1945!

Alla crisi del modello economico industrialista italiano degli anni Sessanta e Settanta, il buon senso – prima che la politica di piano – voleva che si rispondesse con istanze di correzione e mitigazione sostenibile dello sviluppo, basate innanzitutto sulle regole ambientali dei territori. Viceversa si è puntato ancora su programmi e progetti ad alto impatto ambientale e paesaggistico e forte consumo di suolo: se l'industria implodeva, si invocavano e poi si perseguivano nuove cascate di cemento per infrastrutture, servizi, residenze. Si rilanciava – invece di bloccare e riqualificare – la "città diffusa". Con la denuncia di "una carenza di infrastrutture che blocca il Paese" (stessi slogan dell'immediato dopoguerra), ecco i nuovi progetti, con liste enormi di opere, fuori da ogni pianificazione, spesso contro l'ambiente, per presunte, quasi sempre inesistenti, esigenze dei territori. Si ricostruiva, ampliando ovviamente l'urbanizzato, anche nei casi di "post disastri naturali" (amplificati invece dal degrado da cementificazione); così come si faceva nelle città e nei contesti "premiati dai grandi eventi": gli anni Ottanta e Novanta venivano allegramente marcati dal "piano autostrade", "le Colombiadi", gli "stadi dei Mondiali", le "nuove centrali termoelettriche" che dovevano ovviare all'abbandono del nucleare, gli "inceneritori" più tardi "termovalorizzatori"; e finalmente l'"alta velocità" ferroviaria. La crisi della Prima Repubblica con Tangentopoli sembrava dovere innescare riflessioni e cambi di rotta rispetto a un modello che tra l'altro favoriva le distorsioni gestionali e criminali di una governance già in crisi. Ma dalla fine dei partiti della Prima Repubblica scaturivano invece nuove istanze politiche subalterne o dirette espressioni della finanziarizzazione crescente. Che pervadeva tra l'atro la politica delle "grandi opere". Il governo di destra guidato da Silvio Berlusconi, cresciuto con l'edilizia e le costruzioni favorite da clientele e corruzione, prima dell'impero mediatico televisivo, sanciva e consolidava queste logiche.

L'irrinunciabilità delle grandi opere (comprese quelle già scartate perché assai improbabili oltre che insostenibili, come il ponte sullo Stretto di Messina) veniva sancita normativamente con la Legge Obiettivo del 2001. Che nel tempo ha costituito una formidabile fonte di spesa e sprechi, diventando un enorme strumento di trasferimento di risorse pubbliche al capitale privato. Il regime di "emergenza e straordinarietà" in cui operava la legge arrivava infatti al punto di affidare la totalità delle scelte in fase esecutiva a chi doveva costruire. Una volta decisa l'opera, il blocco "concessionario-contraente generale" coglieva che era possibile fare affluire subito sul progetto grandi flussi di risorse. Che spesso si acquisivano dai finanziatori, entrati a far parte – come titolari o creditori – dello stesso consorzio di imprese che si indebitava per avviare la costruzione. In nome dei "soldi tanti e subito" si trascuravano sovente istanze tecniche fondamentali: molti progetti non avevano nemmeno fattibilità certa, la valutazione ambientale era un problema e si taroccava o più spesso si ometteva, qualsiasi razionalità programmatica era ridicolizzata. Più tardi però, allorché si doveva realizzare l'opera – almeno in alcune sue parti –, i problemi ambientali e tecnici occultati riemergevano e si trasformavano in blocchi e interruzioni, spesso stop definitivi. I flussi di denaro ingenti si interrompevano, le imprese spesso fallivano (ricordiamo che oggi la più grande impresa nazionale, Salini-Impregilo, sta trasformandosi con i soldi pubblici di Cassa Depositi e Prestiti in una grande holding che ha come primo compito quello di salvare altre grandi imprese fallite per la logica appena descritta). Il meccanismo è tale per cui le finanze private vengono gratificate prima delle condizioni di crisi; poi il pubblico paga per tutto questo. Molte inchieste giudiziarie – Mose in primis – hanno illustrato questo sistema.

Su richiesta anche dell'Autorità Anticorruzione, oltre che di molte istanze sociali e ambientaliste, la Legge Obiettivo è stata abrogata nel 2016. Disseminando il territorio nazionale di centinaia di cantieri sospesi o addirittura mai avviati, con ulteriore degrado ambientale e consumo di suolo. Paradosso di tutto ciò è che, mentre appare chiaro che il meccanismo si inceppava per la ferma intenzione di massimizzare spese e flussi finanziari, a scapito di buone progettazioni per la risoluzione reale dei problemi, il "coro mediatico" attribuisce blocchi e fallimenti "agli ambientalisti, ai comitati, all'odiosa burocrazia". La logica della Legge Obiettivo, cancellata peraltro, prosegue attraverso i vari "decreti sblocca" (Italia, Crescita, Cantieri) che ne perpetuano meccanismi e strumenti.

La politica che dovrebbe controllare ed eventualmente ovviare a tutto questo ne è invece prigioniera, con istanze che ne obliterano l'azione fino alla "liquefazione". Anche i 5 Stelle, pure cresciuti su critiche e denunce di tali logiche distorsive, hanno finito per arrendervisi una volta andati al governo, lasciando che persino un Presidente del Consiglio espresso dal loro movimento giungesse a mentire su costi, penali e fondi anticipati (inesistenti), per non bloccare la Tav. Cedendo così anche sull'"ultima spiaggia" pentastellata e condannando il movimento a un declino probabilmente esiziale.

Ci vuole invece una vera svolta *green*. Come richiedono tra l'altro i ragazzi di Fridays for Future con Greta; e, da tanti anni, ambientalisti e comitati locali. Tali inversioni di tendenza possono scaturire da sostegni forti agli accordi globali di contenimento dei grandi inquinamenti, e dalla riconversione ecologica di contesti e produzioni, basati sul risanamento e sulla riqualificazione di territorio e paesaggio; e quindi sugli "statuti dei luoghi" e sulle "regole ambientali" dettate dagli ecosistemi locali. Simili istanze non possono oggi che muovere dal "basso"; dagli abitanti dei territori, organizzati in comitati, assemblee, tavoli, laboratori. Che si battono per bloccare il degrado e formulare visioni di sostenibilità sociale e ambientale dei contesti, investendo e rifertilizzando in tale logica una politica istituzionale, altrimenti strumento dei grandi interessi che hanno determinato i disastri attuali.

“Le grandi opere aiutano lo sviluppo”

di Roberto Budini Gattai

Una locandina di un seminario pre Covid su ambiente e grandi opere in Toscana (Tunnel Tav, aeroporto a Firenze, terze corsie, Corridoio Tirrenico) promosso dall’Ast – Assostampa toscana –, moderato dal presidente Sandro Bennucci e dalla Regione Toscana, annunciava nell’invito che:

> C’è chi afferma in nome della tutela dell’ambiente che non si devono fare grandi opere ritenute invece fondamentali per migliorare la qualità della vita e (dei) collegamenti. Tav, aeroporto di Firenze, terze corsie autostradali e Corridoio Tirrenico sono le grandi opere nell’occhio del ciclone. Approfondire i temi, con l’intervento dell’assessore regionale e di apprezzati professionisti, è sicuramente utile anche per i giornalisti, in nome di quella correttezza dell’informazione che è alla base del nostro impegno professionale in senso etico.

Ma chi sono gli «apprezzati professionisti» che approfondiscono i temi? Oltre ai promotori: Marco Toccafondi (direttore Rfi); Enrico Becattini, direttore Politiche mobilità e infrastrutture Regione Toscana; Edo Bernini, direttore Ambiente ed energia Regione Toscana; Raffaele Carso, responsabile Nuove opere Anas (Fs). Sostanzialmente la committenza pubblica delle grandi opere, la Regione, e le società realizzatrici (Rfi per le ferrovie e Anas per le strade). Il ciclone nel cui occhio sono finite le grandi opere toscane è invece rappresentato dal successo del ricorso al Tar (confermato dal Consiglio di Stato) contro l’ampliamento dell’aeroporto di Firenze da parte di una associazione per la difesa della Piana Firenze-Pistoia e, almeno in parte, dalla visibilità di nuovi movimenti ambientalisti: Fridays for Future ed Extinction Rebellion che, senza le manifestazioni di piazza di quest'ultimo anno, si è forzatamente attenuata.

È possibile che i promotori delle grandi opere abbiano cominciato ad avvertire la sproporzione tra le opere in programma, l'impegno finanziario e l'inconsistenza degli argomenti tecnici per sostenerle e, essendo in vista di elezioni, abbiano serrato le fila della grande stampa peraltro sempre allineata ed encomiastica.

Sulle grandi opere il linguaggio giornalistico è "a canone"; si comincia con la "crescita" e si conclude con il mantenimento o l'incremento dell'occupazione. Si è incapaci di andare oltre frasi prefabbricate del tipo: "Senza il nuovo tunnel (in Val di Susa) l'Italia sarebbe tagliata fuori dall'Europa", mentre risulta introvabile la notizia che sull'attuale linea del Fréjus, senza clamore si è già avviata la sperimentazione dei Frecciarossa 1000, volta a ricuperare anni di passeggeri persi per sostenere un progetto improbabile. "Il futuro non può attendere, specialmente se sono le opere infrastrutturali che danno una mano allo sviluppo". E ancora: "per creare lavoro occorre innanzi tutto investire in infrastrutture" (purché grandi opere). Così in Lombardia, che con l'Olanda è l'area più infrastrutturata d'Europa, è stata giustificata la creazione della Bre-Be-Mi, un doppione autostradale "indispensabile" per attuare grandi eventi come Expo 2015 che "muovono capitali", ma che, dopo aver travolto aziende agrarie modello e fatto sparire oltre seimila ettari della più fertile terra nazionale, lasciano edifici vuoti e un'autostrada semideserta. Anche Firenze, secondo il sindaco, rischia di essere tagliata fuori dall'Italia se non si fa il doppio tunnel di 7,5 chilometri sotto la città e la stazione sotterranea dell'alta velocità che farà risparmiare 12 minuti (!) ai Frecciarossa. Grande opera invocata dagli ultimi due presidenti della Regione per liberare i binari di superficie e migliorare il servizio dei treni dei lavoratori pendolari. Eppure i due hanno ascoltato di persona il portavoce e i tecnici del comitato contro il tunnel, sanno che esiste un progetto alternativo, un passante in superficie che consentirebbe maggiore risparmio di tempo al costo di un decimo del lungo doppio tunnel; che non produrrebbe tre milioni di metri cubi di terre di scavo da conferire in discarica, non metterebbe a rischio circa duemila appartamenti, e che avrebbe invece la sicurezza e la flessibilità di tre coppie di binari interscambiabili che tunnel e stazione sotterranei evidentemente non hanno. A trent'anni dall'inizio dei lavori della galleria di 54 chilometri della linea Tav Torino-Lione si è appena scavato qualche decina di metri del tunnel di base. Fin dall'inizio del progetto, la linea del Fréjus era utilizzata solo al 33% della capacità, in diminuzione costante fino all'attuale 28%. Nel 2013 è entrata in funzione la nuova galleria del Gottardo che ha assorbito quantità rilevanti di traffico anche merci. Contro l'evidenza dei dati, i sostenitori della grande opera in Val di Susa portano un altro argomento: aggiungendo alla velocità l'alta capacità (il trasporto merci) si inverte la tendenza e si tolgono gli autotreni dalle strade. Peccato che nel frattempo anche il canale di Suez e le navi cargo hanno incrementato la "capacità" e i containers diretti in Francia non sbarcano più a Genova ma a Marsiglia, più attrezzata, dove proseguono per Lione e Parigi. Ancora una volta il supertraforo del Fréjus, situato tra Gottardo e Marsiglia, contestato per il Tav, conferma la propria inutilità anche per il Tac (treno ad alta capacità).

Di fronte all'irrazionalità, all'inflessibile sostegno degli apparati di governo delle città e della Regioni, dei partiti che si avvicendano o che restano al Governo. Di fronte alla repressione della Polizia, tanto brutale quanto gratuita dei/delle manifestanti contrarie alle Grandi Opere; di fronte a una magistratura che infligge pene platealmente sproporzionate o addirittura immotivate, conviene cercare le ragioni del successo politico dei due funesti binomi grandi opere e alta velocità. Nel *Libro nero dell'alta velocità*, Ivan Cicconi, tra i massimi esperti di appalti pubblici, purtroppo scomparso, ha ricostruito la storia della madre di tutte le grandi opere: l'alta velocità ferroviaria[1].

Per capire l'"Opera" – avverte – si deve conoscere la nuova «architettura contrattuale diventata modello legalizzato e dunque replicato e diffuso, per la realizzazione di altre grandi e piccole opere o per la gestione di grandi e piccoli servizi pubblici con altre grandi e piccole "Tav Spa"». Il pilastro di questa architettura è il *project financing*, la modalità con cui il concessionario, una o più Spa a capitale misto pubblico-privato, realizza l'opera o eroga un servizio pubblico, fuori dal controllo

1 I. Cicconi, *Il libro nero dell'Alta Velocità*, Koinè Nuove Edizioni, 2011.

diretto dello Stato. La proporzione di capitale 40% pubblico e 60% privato è una pura copertura, una menzogna: si tratta di far credere che l'impresa privata sia garanzia di efficienza e risparmio, ma nella realtà (l'impresa) non c'è, è simulata da banche pubbliche o garantite dallo Stato. Un sistema concepito per fare interagire gli affari privati con la gestione della cosa pubblica. «Alla fine di Tangentopoli il nuovo sistema (di appalti) era già a regime [...] con tante risorse e senza ormai inutili mazzette. A dargli il nome, diversi anni dopo, ci pensò [...] Lunardi, [...] lo definì "modello Tav" e lo legalizzò con la Legge obiettivo»[2]. La legge n. 301/2001, definita criminogena dal Garante per gli appalti pubblici, reintroduce con il *contraente generale* la figura del concessionario di opere pubbliche "senza la gestione dell'opera eseguita" introdotta con la legge. n. 80/1987 poi cancellata nel 1994 dalla cosiddetta legge "anti-Tangentopoli". A conclusione del primo capitolo l'autore non nasconde lo sdegno. Dopo la parentesi di Mani Pulite (Tangentopoli) il quadro normativo ha disegnato «un Sistema ben più vorace e devastante», dove «lo scambio tangentizio prima celebrato da soggetti distinti e separati [imprenditori/decisori politici] è diventato intreccio e compromissione», dove «le Istituzioni sono diventate tavole imbandite per l'abbuffata dei partiti, tutti; delle imprese di diritto privato di proprietà pubblica, tutte; delle imprese private cooptate nel banchetto da boiardi e faccendieri o penetrate nell'affare in cambio di "favori" o "piaceri"»[3].

Più di recente, Alberto Ziparo ritorna sul tema senza metafore[4]: «la politica delle grandi opere ha significato un colossale fallimento con sprechi economici e danni ambientali. Lo dimostra la cancellazione della legge che li promuoveva, la Legge Obiettivo del governo Berlusconi definita criminogena all'atto della sua abrogazione, nel 2016, dal Magistrato anticorruzione. Che ha disseminato sul territorio nazionale centinaia di opere incompiute – alcune nemmeno avviate, – che, oltre a impattare e de-

2 Ivi, p. 22.

3 Ivi, p. 25.

4 A. Ziparo, *Il fallimento delle Grandi Opere e l'arroganza dei rentiers*, «il manifesto», 8 dicembre 2019. Vedi anche Id., *Grandi opere stop, la lotta ecologica riparta dal basso*, perUnaltracittà, «La città invisibile», 18 maggio 2020, https://bit.ly/3vswUws.

gradare i contesti di riferimento, ha ingoiato quasi un terzo dei quasi 200 miliardi spesi nell'ultimo ventennio per infrastrutture di trasporto, in operazioni rivelatisi poi inutili e dannose». Le grandi opere non servono al Paese, alla società, ma solo a chi fa parte di quel Sistema. Il loro fallimento è il fallimento del neoliberismo di cui sono parte imprescindibile.

«Grandi e inutili» sono le opere spesso incompiute disseminate in Italia e descritte in un «viaggio per l'Italia del brutto e dell'incompiuto» da Antonio Fraschilla[5], dove il brutto non è solo categoria estetica; associato all'incompiuto è rivelazione della corruzione dissipatrice di ricchezza territoriale e di denaro pubblico. Un danno ambientale e sociale perché devastazione dell'habitat; spreco finanziario che sottrae risorse a lavori utili e necessari. Dalla sistemazione idrogeologica di un Paese dove i disastri naturali sono molto più onerosi della prevenzione, alla sicurezza e all'adeguamento energetico degli edifici scolastici, alla riutilizzazione per scopi sociali dei grandi complessi pubblici dismessi: dal fabbisogno abitativo agli spazi per nuove istituzioni, di cultura, di ricerca, di formazione e per l'esercizio della democrazia. Si potrebbe impostare un piano di coordinamento nazionale di piani locali per la demolizione mirata alla rigenerazione di suolo e a un disegno dei vuoti urbani generatori di luoghi, per un progetto di trasformazione delle nostre estese periferie in città: meno entropiche e molto più abitabili.

In una fase di ricupero produttivo attraverso inediti e ingenti finanziamenti europei per far fronte alla crisi da pandemia, non sono mancati spunti interessanti che hanno fatto balenare sia l'abbandono delle grandi opere (M5s) sia un nuovo ruolo dello Stato e «una diversa idea di futuro»[6]. Purtroppo evaporati prima di arrivare sul tavolo di un governo tutt'altro che libero di innovare e di affrontare «la triplice crisi del capitalismo»[7], la crisi sanitaria, la crisi economica e la crisi climatica.

5 A. Fraschilla, *Grandi e inutili*, Einaudi, 2015 (citazione tratta dalla prefazione).

6 M. Mazzucato, *Non sprechiamo questa crisi*, Laterza, 2020 (titolo del cap. V). L'autrice di questo progetto economico ha fatto parte del gruppo di consulenti del governo italiano guidato da Colao, nel maggio 2020. Dissonante, quindi inascoltata, si è dimessa dopo pochi giorni.

7 M. Mazzucato, *Non sprechiamo questa crisi*, cit., titolo del par. 2, cap. I.

All'inizio e nello sviluppo della crisi di governo del gennaio di questo 2021, sono state evocate sia dall'opposizione sia dalla pseudomaggioranza le solite grandi opere *indispensabili per la ripresa*, *per l'occupazione*, ecc. e in una gara a chi la spara più grossa è stato riesumato perfino il ponte di Messina. Si ha proprio l'impressione che malgrado tutto si stia apparecchiando un'altra tavola da imbandire e un altro pingue banchetto di boiardi, faccendieri e cooptati a vario titolo e che, ancora una volta, sia questa la chiave di lettura di una fase politica (trent'anni neoliberisti) che troppo tarda a morire.

"I libri di carta sono anticaglie"

di Armando Vitale

Nessuna fobia per le meraviglie della tecnologia! Conviviamo con esse in ogni passaggio della vita quotidiana e sappiamo quante fatiche e sofferenze ci risparmiano. La tecnologia dell'informazione ci ha peraltro resi cittadini del mondo, in grado di comunicare in tutte le latitudini e di usufruire in tempo reale di conoscenze ricche e disparate. Chi ama i libri può inoltrarsi grazie al web nei labirinti magnifici della Biblioteca Vaticana o della Ucla (Università di Los Angeles); o può acquistare con la velocità della luce un ebook per leggere il romanzo di un autore amato.

I libri sono però creature speciali: smaterializzati, senza corpo, riducono l'impatto emotivo, impoveriscono i percorsi mentali e appiattiscono la lettura. Non ci sono soste, andate e ritorni tra le pagine, sottolineature del testo che dichiarino le preferenze e le gerarchie del lettore. Si spengono inoltre i sensi, come tatto e olfatto, che misurano il trasporto di chi legge. Persino la vista è bombardata dalla luce invasiva del monitor che esercita un'azione di disturbo inficiando la concentrazione e il godimento della parola scritta.

Sacrosante sono le ragioni di un intellettuale-bibliofilo come Umberto Eco. Ci ricorda utilmente che tutti i supporti tecnologici inventati per sostituire il testo cartaceo hanno dimostrato una grande deperibilità: floppy-disk, videocassette, cd-rom e altro ancora sono precipitati in una planetaria discarica di nuovi rifiuti da smaltire.

Il libro di carta resiste strenuamente: occhieggia dalle vetrine delle librerie con le immagini e i colori delle sue copertine, fa sfoggio di sé nelle fiere e feste che si moltiplicano e vengono frequentate con partecipe curiosità da un pubblico vario, specialmente di docenti, giovani, ragazzi, bambini.

La solidità materiale e la bellezza del libro cartaceo si accompagnano poi alla virtù della sua flessibilità: lo tocchi, lo sfogli, lo percorri avanti e indietro, lo sottolinei, lo annoti in margine, lo puoi impreziosire con i tuoi commenti. Inoltre è docile e lo porti dove vuoi: a scuola, a mare, in montagna, persino in bagno dove può alleviare le fatiche delle funzioni corporali.

Bisogna infine apprezzare il valore della battaglia, del corpo a corpo che si ingaggia col vecchio libro: rende evidenti le difficoltà, stimola le energie del pensiero, sviluppa l'abitudine a interrogarsi e a meditare.

Il libro cartaceo è dunque un signore demodé dotato di una straordinaria resilienza. Nelle sue varie incarnazioni e metamorfosi, dai rotoli alle splendide stampe di età umanistica di Aldo Manuzio, dalle edizioni eleganti e raffinate dell'Enciclopedie francese alla diffusione democratica del prodotto libro in età contemporanea (Ottocento-Novecento), i testi vengono copiati da esperti amanuensi e custoditi, poi stampati e diffusi in numero crescente di copie da editori professionisti che hanno usufruito dell'apporto di intellettuali, scienziati, narratori. Le moderne biblioteche hanno amplificato e democratizzato la funzione degli antichi monasteri, dove in età postclassica i libri vengono sottratti ai grandi incendi barbarici per svolgere la funzione culturale e civile di un'intensa e raffinatissima trasmissione della memoria. Oggi le biblioteche si propongono come operatori di cultura, ricercano i lettori, li stimolano, ne propiziano gli incontri, fanno del libro uno strumento di scambio comunitario, di esplorazione dei problemi che più travagliano individui e società. Le buone biblioteche esercitano ancora un potere d'attrazione per aristocrazie non piccole, di cittadini o studenti sensibili e curiosi.

Il filosofo Walter Benjamin ha discusso dell'"aura". Mi piace trasporre il suo discorso sull'arte pittorica, la fotografia o il teatro epico, in ambito musicale. Qui non è difficile percepire come manchi l'aura, l'atmosfera avvolgente che si sprigiona quando si ascolta la grande musica o i concerti dal vivo, se ci affidiamo alle riproduzioni artificiali. L'artificio, pur utile al grande pubblico, disperde ogni soffio di sacralità. Questo vale anche per i libri. Le grandi voci del passato risuonano potenti se apri e dialoghi con i libri di carta, se li percorri e celebri l'antico rito della lettura, magari in una bella, o austera e ricca biblioteca. Ricordo Nicola Badaloni, straordinario docente di Filosofia, ricurvo sui tavoli della biblioteca universitaria della Sapienza pisana, concentrato e intento a compulsare i testi di Carlo Marx, zeppi dei suoi appunti e di densi canovacci di lezione. In ambienti cosiffatti senti il respiro del pensiero, il bisogno di cimentarsi con la forza creativa dei grandi autori.

Ecco una sfida per i nostri ragazzi! Costruire biblioteche di buoni libri cartacei a casa, per assaporarli e usarli ogni volta che è possibile e necessario. Ricerche sofisticate rammentano che le biblioteche private e il loro uso alimentano la riuscita negli studi, come nel lavoro e nelle professioni. Tanto più alta è perciò la sfida delle scuole, travolte dall'orgiastica rincorsa di una perpetua innovazione tecnologica. Proprio nei luoghi di vita e d'apprendimento delle nuove generazioni occorre costruire biblioteche tematiche, pluridisciplinari, orientate alla conoscenza della contemporaneità. Lungo i percorsi della crescita la scuola ha il compito di suscitare sana passione per il libro, spirito di ricerca dei giovani lettori, se è vero, come ci dicono interviste su campioni significativi di ragazzi, che in tanti considerano il libro un oggetto polveroso e museale, privo di carica vitale.

Su questo deve intervenire la sensibilità civica dei professionisti della scuola. Possono svolgere la straordinaria funzione di terapeuti del linguaggio predominante: breve, sincopato, contratto negli stereotipi per come lo veicola il web, ma ancor più involgarito, rabbioso, intollerante, violento. La scuola può essere il luogo di intelligenti invenzioni per mettere in valore il libro, per educare a linguaggi alternativi, miti, aperti al confronto che abitua al discorso pubblico nutrito di rispetto delle idee e delle buone competenze.

È precondizione il rilancio del valore dei libri senza alcun disprezzo aristocratico per la multimedialità che arricchisce e dilata la comprensione.

C'è uno straordinario testo di Federico García Lorca. È la conferenza tenuta dal poeta a Fuente Vaqueros, il paesino di montagna dov'è nato, e che inaugura una biblioteca. Siamo nella Spagna non ancora caduta nel baratro del regime franchista. Lorca eleva un inno appassionato al valore civile dei libri, cibo necessario per la formazione di tutti gli uomini, che hanno diritto d'accesso al sapere; ricorda commosso l'appello di Dostoevskij, prigioniero in Siberia, ai familiari sollecitati a mandargli «libri, molti libri, perché la mia anima non muoia». I libri, aggiunge

Lorca, sono: «potenti operatori sociali», guariscono dall'ignoranza che fa «confondere il male col bene e la verità con la menzogna». Poi, rivolto ai suoi contadini e montanari, il poeta incalza: «è necessario che i popoli leggano, per apprendere il vero sentimento della libertà, ma anche il moderno senso della solidarietà e della vita... Che la biblioteca, in questo bellissimo paese dove ho avuto l'onore di nascere, serva a far regnare la pace, l'inquietudine spirituale e l'allegria. E non dimenticate il sottile proverbio...: dimmi cosa leggi e ti dirò chi sei». Messaggio di grande potenza e preveggenza! Sembra scritto per noi e per il nostro tempo, tormentato da crisi pandemiche e travagli delle democrazie.

"Il vento della rivoluzione spira solo da Nord" (il caso dei combattenti napoletani nella costruzione della Repubblica)[1]

di Giuseppe Aragno

Nessuna vittoriosa rivolta popolare è stata spoliticizzata, decontestualizzata, sminuita e persino negata, come le Quattro Giornate di Napoli. Nessuno, considerando gli eventi di Milano del 1848, si è mai chiesto se quattordicimila soldati e duecento cannoni si siano ritirati per timore dei ribelli o del terremoto rivoluzionario che scuoteva l'Europa e dell'imminente arrivo dei piemontesi. Pur essendo chiaro che in condizioni diverse Radetzky avrebbe difeso la città, si è riconosciuto ai milanesi il merito di aver saputo profittare delle difficoltà del nemico. Forse anche a Napoli, senza gli Alleati alle porte, i nazisti non si sarebbero dati per vinti, sta di fatto, però, che gli insorti, mandato un emissario nella piana di Salerno e sollecitati inutilmente gli angloamericani a muoversi per intimorire i tedeschi, cercarono volutamente lo scontro senza attendere aiuti[2]. Diversamente dal marzo milanese, però, per il settembre napoletano si è scelto di minimizzare. Benché sin dal 1944 Corrado Barbagallo, testimone oculare e storico di valore, abbia visto nell'insurrezione un evento degno di stare «a fianco delle giornate milanesi del

1 Per non appesantire il testo, cito in nota le fonti d'archivio che mi hanno consentito di scrivere questo intervento: Archivio Centrale dello Stato, Confino di polizia, Fascicoli personali e Casellario Politico Centrale, Fascicoli Personali; Archivio di Stato di Napoli, Prefettura, Gabinetto, II Versamento, Relazioni mensili e trimestrali e Questura, Gabinetto, Sovversivi. Schedario; Anpi Napoli, Archivio Storico; Istituto Campano per la Storia della Resistenza, Archivio, Carte di Gennaro Rippa e Gaetano Marino e Biografie di comunisti napoletani.

2 F. Zvab, *Il prezzo della libertà*, Junior Editore, 1988, pp. 87-88 e 119-120.

marzo 1848», strettamente collegato agli avvenimenti italiani che lo precedettero, l'accompagnarono e ne derivarono, venti giorni di lotta e il peso che ebbero sulla vicenda nazionale sono stati ridotti così a un dato marginale; si è giunti a tal punto da ignorare i rapporti dei militari nazisti che descrivevano una popolazione preda della propaganda sovversiva, pronta a scatenare «in una sola volta tutti gli elementi rivoluzionari della città». Una testimonianza che non solo smantella la vulgata della «rivolta plebea», ma segnala il ruolo trainante degli antifascisti, che faceva temere un moto rivoluzionario.[3]

La verità è che, quando nel 1944 Nenni scopre il «Vento del Nord», Napoli ha piegato da un anno i nazifascisti con una rivolta promossa soprattutto da antifascisti. Smentendo il cliché di un Sud in cui lo scontro sociale si riduce a «furia torrida», breve, apolitica, tanti meridionali hanno attraversato le linee e lottano per salvare il Paese e nella città liberata i partiti cercano un'uscita dal fascismo nella continuità dello Stato.

Alla rivolta, del resto, non si è giunti per un impulso improvviso. Sin dall'inizio del 1943, infatti, quando un prete è confinato per comunismo e Napoli è sempre più piena di «scritte inneggianti alla Russia», i nazisti sanno che i sovversivi stanno conquistando il popolo e in attesa degli alleati i ceti dominanti vedono nei tedeschi la sola tutela. Non a caso i generali negano armi al popolo che cospira, come dimostra l'arresto di alcuni studenti, autori del libello *Libertà*. Il gruppo socialista di Ugo Fermariello, ad esempio, è vicino ai repubblicani di Adolfo Pansini, perseguitato politico che lavora con i comunisti di Torre Annunziata[4]. Caduto il confine tra rabbia popolare e protesta politica, la propaganda dilaga: all'Ilva si canta *Bandiera rossa*, opuscoli di studenti e

3 S. Ascione, *Settembre 1943: Napoli tra stragismo e rivolta*, in G. Gribaudi (a cura di), *Terra bruciata. Le stragi naziste sul fronte meridionale*, L'ancora del mediterraneo Editore, 2003, p. 14; C. Barbagallo, *Napoli contro il terrore nazista. 28 settembre-1° ottobre 1943*, Maone, s.d. ma 1944, pp. 7-8; Bundesarchiv-Militärarchiv (Friburgo), Rh 24-14/81, 57° Reggimento artiglieria, Disposizioni di combattimento al 17 settembre 1943, riportato da S. Ascione, cit., pp. 143-144.

4 F. Pagano, *Antifascismo e Anti-Antifascismo. Stessa strada anticapitalistica, due persecuzioni*, La Femina, 1988, pp. 75-81 e 94-96; E. Pansini, *Goliardi e scugnizzi nelle Quattro Giornate*, Edizioni Cimento, 1944, pp. 33-34.

operai invitano alla lotta e una vettura dei tram circola con una scritta inneggiante a Churchill. In primavera, quando i «sovversivi» ricordano Matteotti e il 1 maggio, chi vive di stenti e odia la guerra approva le accuse ai fascisti che l'hanno voluta e incita i marinai a colpire i nazisti. Per la questura il successo degli antifascisti è favorito dai tedeschi che, mentre la gente muore di fame, trafficano coi «borsari» e riempiono di munizioni e carburante gli scantinati della città, esposta a bombardamenti feroci. Come truppe di occupazione, i nazisti razziano poderi, arraffano scarpe, biancheria e cibo, picchiano viandanti, stuprano e spianano le armi alla minima reazione.

Caduto Mussolini, quando i senzatetto occupano sedi fasciste e gli operai riorganizzano il sindacato, gli «uomini d'ordine» si schierano e la lotta per sopravvivere incrocia il conflitto di classe: la polizia ordina di non irritare i tedeschi, il cardinale fascista Ascalesi vede nei partiti «forze occulte e dissolventi» e il prefetto, per frenare l'antifascismo «rosso», rafforza il risorto partito liberale[5]. In questo clima, con la forza pubblica che spara, il popolo si avvicina ai «sovversivi» che chiedono pace, pane e libertà.

Il 22 agosto in una riunione clandestina, gli antifascisti cercano intese contro i nazisti e Badoglio[6]. Gli uomini del Pci puntano sulla propaganda, ma libertari, troskisti, membri del Gruppo Spartaco e socialisti rivoluzionari sono pronti ad agire[7]. Mentre si cerca un accordo, la polizia, avvisata da una spia, arresta molti partecipanti, che, tuttavia, parteciperanno alla rivolta[8]. Benché interrotta, la riunione dimostra che i nazisti temevano giustamente i «rivoluzionari» e disegna il volto politico della rivolta: piccoli gruppi di socialisti, memori di Matteotti, libertari, un europeista come Antonio Ottaviano e comunisti, più numerosi, ma molto

5 F. Giliani, *Fedeli alla classe. La CGL rossa tra occupazione alleata del Sud e "svolta di Salerno" (1943-1945)*, Roma, 2013, p. 33.

6 AA. VV., *La Campania dal fascismo alla repubblica: società, politica, cultura*, vol. I *Società e politica*, a cura di Patrizia Salvetti, introduzione di Luigi Cortesi, Regione Campania, Edizioni scientifiche italiane, 1977, p. 32.

7 P. Ricci, *La torrida estate del '43*, in G. Artieri (a cura di), *Le Quattro Giornate*, Marotta Editore, 1963, p. 209.

8 Ivi, passim.

divisi. È significativo che anche il mondo da cui proviene Maddalena Cerasuolo, simbolo dell'anima popolare della rivolta, non ama il fascismo. Il padre, infatti, nel 1941 era stato arrestato a Roma, perché trovato con Espedito Ansaldo, militante del Pci, che guiderà poi un gruppo di combattenti[9].

Dopo le agitazioni promosse da antifascisti nell'agosto 1943, gli scioperi all'Ilva per l'epurazione e una protesta dei tramvieri riuscita solo parzialmente, il clima si arroventa. Per la polizia, a tirare i fili sono «partiti che sperano [...] di dare la scalata all'agognato potere». In realtà, a muoversi sono nuclei di antifascisti, in una situazione ormai disperata, come appare chiaro il 7 settembre, durante un'incursione, quando i nazisti, incuranti della popolazione, dalle vie strette sparano coi carri armati agli aerei americani. Per un po' una folla indignata circonda i tedeschi armati fino ai denti. Un soldato urla di sgombrare, la gente freme, qualcuno raccoglie sassi e solo quando i mitra puntano ad altezza d'uomo la folla si disperde, ma non è una fuga e il questore non sbaglia: il malcontento cresce e gli incidenti sempre più gravi colmano «quella misura che, una volta passata, potrebbe suscitare impensate reazioni»[10]. Di lì a poco la parola passerà alle armi.

L'8 settembre agli antifascisti Francesco, Pietro e Giovanna Baiano la notizia dell'armistizio non la dà radio, ma colonne di prigionieri alleati diretti a nord. I nazisti sembrano ritirarsi e i tre decidono di saldare i conti. Riunito un pugno di uomini e raccolte le armi di soldati in fuga, la mattina del 9 si appostano lungo una curva della via di Pianura, vicina a un'intricata selva, attaccano i tedeschi, liberano venti prigionieri e fuggono nel bosco. Nasce così la prima banda armata, che colpirà e sparirà nella selva finché la città non sarà liberata. Prezioso è il ruolo di Giovanna Baiano, che lotta coi compagni e previene le mosse dei nazifascisti, grazie alle informazioni del brigadiere dei Carabinieri della zona.

Di lì a poco, quando Berlino ferma la ritirata e ordina l'occupazione, la città reagisce e resiste. A muoversi sono soprattutto i perseguitati politici, ai quali si uniscono agenti dei Servizi segreti alleati, tra i quali Bia-

9 G. Aragno, *Antifascismo popolare. I volti e le storie*, manifestolibri, 2009, p. 141.

10 E. Pansini, cit., p. 12 sgg.; L. Compagnone, *Quindici in Piazza Plebiscito*, in G. Artieri (a cura di), cit., p. 341.

gio Carbonaro, siciliano ed ex combattente di Spagna, giunti in città per contattare antifascisti e organizzare la lotta. Mentre i capi militari si danno alla fuga, nascono bande armate guidate da ufficiali, reduci dalla Spagna e perseguitati politici, che entrano subito in azione, sicché la rivolta del 27 settembre chiude uno scontro iniziato con l'armistizio e terminato l'1 ottobre con la resa dei nazifascisti e l'ingresso in città di pattuglie alleate guidate da combattenti napoletani.

Di questi eventi ben poco si sa. Dimenticati gli antifascisti – l'11% dei partigiani riconosciuti – è nata la «rivolta degli scugnizzi». Sulle culture politiche presenti nella sommossa, unite dal nemico comune e divise da visioni diverse del Paese da ricostruire, è caduto il silenzio. Eppure, dopo la rivolta i legami con le contemporanee vicende nazionali sono evidenti: la prefettura, che teme il risveglio dei lavoratori, lavora per impedire una radicale svolta dal basso. La sinistra si divide sui rapporti con la Dc e il Pci giunge a una scissione, breve ma gravida di conseguenze. Di questa Italia, in bilico tra speranza e tragedia, nata da uno scatto di dignità dopo il crollo di un regime, Napoli è a lungo «laboratorio» e chiave di lettura privilegiata[11].

È l'alba della Resistenza. C'è voglia di tornare a vivere. Così forte, dirà Calvino, che vince la paura della morte e fa della vita «qualcosa che può ricominciare da capo». A Napoli i combattenti hanno appreso la lezione dei fatti: chi comincia daccapo chiude i conti col passato e scrive la Storia. Ma come scriverla, la Storia, in un autunno di guerra in cui la partita pare chiusa, ma è solo iniziata? Gli antifascisti che hanno subito anni di persecuzioni sono divisi e non sono maggioranza; potranno farcela solo se ci sarà una rottura vera con Parlamenti che rappresentano poco più di se stessi. Consapevoli della sfida, molti salgono verso nord, perché sanno che la lotta continua. Il vento che seguono viene dal Sud. Parlare di tutti in poche pagine non è possibile. Vale la pena di ricordare dei nomi, per ricordarli tutti.

Gaetano Arfé, futuro storico del Socialismo, militò in un gruppo giellista in Valtellina; Alberto De Fez, ebreo, scelse il Corpo Volontari della

11 G. D'Agostino, *La memoria storica patrimonio della comunità. Dalle Quattro Giornate un impegno per Napoli, Istituto Campano per la storia della resistenza*, Napoli, 2021, passim.

Libertà; Armando Donadio attaccò convogli nazifascisti, finché fu preso e condotto ad Auschwitz, tornò con una fragilità psichica, ma continuò nel sindacato la sua lotta per un mondo migliore; Biagio Carbonaro continuò a formare bande e organizzare sabotaggi; Ezio Murolo, ex confinato, passò più volte le linee, riportò a Napoli partigiani in pericolo e attaccò convogli tedeschi finché la salute lo resse; Maddalena Cerasuolo, informatrice preziosa, raggiunse Genova viaggiando a bordo di un sommergibile; Grazia Longobardi e Margherita Troilo, specialiste in sabotaggi, donne e partigiane dimenticate, meritano di chiudere questo elenco.

“Con la cultura non si mangia”

di Patrizia Ferri

“Cultura” è un termine che abbraccia una serie di significati complessi, materiali, immateriali ed emozionali che comprende le conoscenze, l’arte e la creatività nelle sue varie declinazioni, le tradizioni, i valori, i modi e le misure dello *stare nell’insieme sociale* che costituiscono un patrimonio collettivo, che va salvaguardato dall’oblio, dal negazionismo, dagli interessi economici e politici che lo strumentalizzano, dagli interventi umani che lo mettono a rischio in quanto esso è parte integrante dell’ecosistema. La *cultura* in quanto tale è *il* luogo per eccellenza delle relazioni, uno spazio simbolico che sviluppa immaginari attraverso processi sociali, individuali e collettivi. Una risorsa inestimabile di energia che concorre all’incessante dinamica trasformatrice del mondo, proprio per la sua essenza intrinseca di condivisione originaria, imprescindibile per l’evoluzione della coscienza e dell’intelligenza collettiva e dei relativi bisogni, che, alla stregua di un organismo vivo e vitale in sinergia con la *natura*, genera identità, uguaglianza nella diversità, autonomia e libertà.

La cultura, fuori dall’accezione ambigua a cui è relegata nell’attuale epoca della spettacolarizzazione, – sotto cui si cela il vuoto e la deprivazione affettiva di individui ridotti a consumatori distratti e passivi – richiede un’attenta assimilazione e metabolizzazione che rigenera la capacità di ascolto e di coltivare lo sguardo. Foster Wallace auspica di portare il lettore verso la «consapevolezza di ciò che è così reale ed essenziale, così nascosto in bella vista sotto gli occhi di tutti», ovvero un sapere non nozionistico, ma necessario come l’aria per respirare, nutrimento per mente e cuore nello sviluppo critico e consapevole di ogni essere umano.

Etimologicamente "cultura" deriva dal latino *colĕre* ovvero 'coltivare': smentendo l'accezione intellettuale che la vuole separata dalla natura, di fatto esiste una radice comune, una sinergia fra cambiamento radicale dell'idea stessa di arte e questa fase epocale di trasformazione che può disegnare nuove geografie solo sviluppando un'empatia con l'ambiente che ci circonda. Come la natura va difesa, tutelata e amata perché ci rende umani e relativi: le metafore naturali a cui si ricorre spesso per parlare della *cultura* ne evocano la forza generatrice e di costante metamorfosi, come un campo fertile non delimitabile da steccati disciplinari o confini etnici, un territorio esteso dove confluiscono comportamenti e realizzazioni che va implementato, seminato, coltivato, curato e se necessario disboscato: un luogo fertile dove si raccolgono *contronarrazioni* e si miete libertà, approdo in una realtà sempre più liquida dove la Storia si scioglie nelle storie.

L'industria culturale, ciò che Debord nel '67 chiama «spettacolo», si presenta piuttosto come il compimento di un atavico percorso sociale verso l'alienazione, concetto elaborato dalla filosofia (post)hegeliana e già introdotto nella riflessione sociologica da Marx. Il filosofo situazionista lo analizza sotto l'aspetto della passività della ricezione, dove tutto, anche la vita stessa, diventa merce, assecondando il progresso ineluttabile del capitalismo consumistico verso il feticismo e la reificazione. La cultura come «riflesso e prefigurazione delle possibilità di organizzazione della vita quotidiana, il complesso dell'estetica, dei sentimenti e dei costumi, tramite cui una collettività reagisce rispetto alla vita che le è data dalla sua economia nella prospettiva della creazione dei valori», come affermano i Situazionisti, in una realtà contemporanea di simulacri, come osserva più tardi Baudrillard, si «autocannibalizza divorando se stessa» nel *fast food* dell'offerta culturale chiavi in mano di un'industria dell' intrattenimento che ne azzera tutte le spinte rivoluzionarie e critiche.

«Men che mai la natura può venir separata dalla cultura e bisogna che impariamo a pensare "trasversalmente" le interazioni tra ecosistemi, meccanosfere e universi di riferimento sociali e individuali» ha scritto Guattari a proposito dell'*ecosofia*, ovvero dell'*ecologia sociale*, che come l'*ecologia profonda* si basa su un sistema di valori *ecocentrico* di etica ambientale, ponendosi domande filosofiche fondamentali sul ruolo della vita umana come parte dell'ecosfera, distinguendosi così sia dall'ecologia come branca delle scienze biologiche, sia dall'ambientalismo meramente utilitaristico basato sul benessere dei soli umani.

Una cultura oltre la sua accezione accademica, settoriale ed elitaria, ovvero come tessuto umano di relazioni, dispiega orizzonti e ipotesi di futuro secondo una visione ecologica, reticolare, sistemica e olistica in cui ogni elemento si rivela interconnesso: ripristinando la connessione originaria con la natura come "ecosistema circolare" per eccellenza, non sarà più il singolo a perseguire il proprio interesse, quanto piuttosto sarà il funzionamento equilibrato del sistema, che garantirà l'interesse della comunità. Solo così può avvenire la vera trasformazione, ispirandosi al principio che plasma e rigenera la vita, una vita oggi seriamente compromessa dall'emergenza di una disfunzionalità ambientale che, cronicizzandosi, porterebbe inevitabilmente a esiti apocalittici. Soltanto un'idea di cultura aperta e inclusiva verso le società, l'ambiente, le singole vite, con un'etica intrinseca, può preservare e favorire la continuità di tutte le specie che abitano il nostro pianeta, perché si fonda su un principio sostenibile proprio per la peculiarità di innescare processi adattivi che facilitano l'inclusione e l'incontro alla base di una vera, imprenditorialità virtuosa, come di un'auspicabile mobilitazione partecipativa. Il concetto di *sostenibilità* con tutto il suo potenziale autentico viene tuttavia svilito da quell'uso strategico di parola d'ordine del marketing e utilizzato dalla politica in modo debole e confuso, non affrontando la realtà dell'emergenza ambientale rispetto a cui vanno ripensate economie, modelli e stili di vita.

Proprio in virtù della sua energia catalizzatrice la cultura è il luogo dell'emancipazione, del sentirsi un soggetto attivo, del bisogno di autodeterminazione: per questo i regimi capitalistici o totalitari tentano di stroncarne le espressioni, o di banalizzarle attraverso il cosiddetto *soft power*, ovvero l'utilizzo inerziale della cultura nell'esercizio del potere, estremamente difficile da scorgere e contrastare, che la plasma a proprio uso e consumo, trasformandola in una potentissima *arma di seduzione di massa*.

Le realizzazioni artistiche in questa logica sono inutili, fino a quando il mercato non attribuisce loro un valore economico che ne sancisca il prezzo a discapito del valore, introducendole nel ciclo di produzione e consumo del mercato, come ben intuiva, tra gli altri, Piero Manzoni che con il suo barattolo di *Merda d'artista* del 1961 battuto a cifre astronomiche ha dimostrato che l'economia divora tutto e digerisce anche ciò che nasce per contrastarne le logiche. L'arte in quanto costruzione di immaginari, solo sottraendosi all'autoreferenzialità – che la vede soggetta a un sistema altamente competitivo, indirizzato a un'offerta culturale semplificata ed estetizzante, solo marginalmente legata alle istanze che vorrebbe rappresentare, in operazioni che la cristallizzano sottraendola all'interazione, al cambiamento, all'ibridazione –, può riappropriarsi della sua forza di aggregazione ed evoluzione.

Il 2018 è stato l'anno dei progetti di valorizzazione del patrimonio culturale europeo: l'European Year of Cultural Heritage, l'iniziativa che nasce all'insegna della interconnessione tra culture e cittadini, ha affidato la sua promozione a «Connecting Cultures, Connected Citizens», evento in cui convergono una ottantina tra i progetti interregionali, tra cui figurano casi studio innovativi per la valorizzazione e gestione del patrimonio culturale e naturale nello sviluppo di un ecosistema di supporto e di un progetto formativo, che colleghi un'ampia rete di operatori e attività, sostenibilità e qualità della vita, nella prospettiva di uno sviluppo urbano e territoriale attraverso buone pratiche locali, come in Europe Share che studia le modalità sostenibili per migliorare la protezione, la promozione, l'accessibilità e lo sviluppo del patrimonio culturale della città.

Iniziative che confermano come la promozione della creatività partecipata abbia una reale ricaduta sui cambiamenti urbani e sui territori, determinando un ecosistema produttivo culturale che inizi dalla tutela del patrimonio investito di nuovo senso, accanto alle nuove tendenze in continuo rinnovamento, come i processi alla base dell'*arte della sfera pubblica*, dove si esercita una attività progettuale che confluisce in una prassi multidisciplinare. Proprio l'attitudine aperta del processo artistico che rende consapevole il pubblico degli aspetti e delle riflessioni sull'arte nella società in termini non occasionali, mediante un'interazione strutturata, genera sviluppo urbano e territoriale, a conferma che, nel processo di negoziazione continua verso la realizzazione di ecosistemi e mercati all'interno di un sistema di pensiero, ci sia la possibilità di creare uno sviluppo sostenibile e duraturo. Il contesto ha effetti sulla capacità degli operatori culturali di produrre processi evolutivi e non operazioni difensive: le città pertanto sono parametri molto interessanti per evidenziare e attivare queste relazioni da mettere a sistema, mobilitando processi partecipativi a livello territoriale, vere e proprie *officine* per temi di frontiera. Sperimentando la relazione virtuosa fra bellezza e conoscenza, come nuovi modi di pensare e di *essere*, si edificano spazi identitari che permettono alle persone di riconoscersi come simili anche e soprattutto in un momento come questo di criticità umanitaria e ambientale senza precedenti.

Alla luce di questa *controprospettiva*, si sfaterà finalmente, una volta per tutte, quel rozzo pregiudizio radicato espresso dalla frase di un economista sul viale del tramonto, che affermava in maniera stentorea «con la cultura non si mangia»: in realtà quelli che smetteranno di mangiarci saranno i soliti *pochi*, perché finalmente ce ne sarà proprio per tutti.

“I saperi umanistici non servono a nulla”

di Tiziana Drago

Perché coltivare i saperi umanistici?

Dall’Unità d’Italia sino al secondo dopoguerra, il legame con la nostra tradizione umanistica (i grandi modelli letterari e filosofici del passato) era il perno della formazione letteraria, linguistica e civile nel nostro Paese. I classici rappresentavano un’epoca, la proiettavano costruttivamente nel futuro: erano in rapporto organico con il loro tempo, il punto di incontro e di sintesi dei diversi saperi e per questa ragione l’opportunità della loro presenza nella formazione delle giovani generazioni appariva autoevidente. Oggi le discipline umanistiche occupano uno spazio liminare nell’area della cultura diffusa; e rischiano di occupare uno spazio residuale anche nella formazione scolastica e universitaria. Stiamo cioè assistendo al collasso dei modelli culturali del passato. Quali che siano le cause di questo mutamento, è difficile credere che l’amputazione *tout court* di alcuni saperi dalla scuola o dall’università possa essere la soluzione al problema. Piuttosto, è necessario che ogni generazione riconsideri i valori su cui si fondano la propria cultura e la propria civiltà. Alla fatidica domanda (“a che servono i saperi umanistici?”) si può, dunque, rispondere in due modi: a) accettando di rimettere in discussione quei valori (e ridiscutendoli); b) arroccandosi in una difesa idealistica delle discipline umanistiche, una rilegittimazione unilaterale, priva di sfumature e spesso retorica, del passato.

L'umanesimo non è tutto bello

L'umanesimo non è bello o brutto. L'umanesimo è costantemente attraversato da una dialettica e una "contraddizione": è stato liberazione e democrazia, ma è stato anche privilegio e «boria di dotti» (come avrebbe detto Vico). Non c'è documento del nostro patrimonio culturale che non sia anche documento di barbarie. Nella storia della civiltà occidentale e della sua cultura più prestigiosa, splendore e orrore, Beethoven e Hiroshima, democrazia e dittatura sono strettamente intrecciati. L'umanesimo ha due facce: ha insegnato e può insegnare la democrazia come il suo contrario. Bisogna scegliere. La difesa idealistica dei modelli del passato (quasi esistesse l'umanesimo come modello univoco di progresso e di emancipazione) non funziona e non basta più nell'epoca del precariato dei lavoratori della conoscenza da un lato e nell'epoca della chiusura dei porti, dei respingimenti dei migranti, dei vaneggiamenti autarchici e xenofobi dall'altro.

L'umanesimo non è depositario di valori assoluti

In ben note epoche del passato (il ventennio fascista innanzitutto) e in parte anche oggi si è letto l'umanesimo come depositario di valori: si è cioè pensato che alcuni valori connessi alla cultura moderna dei grandi Stati dell'Europa occidentale avessero il loro antecedente nel mondo antico e nei grandi modelli dell'umanesimo. È questo un rispecchiamento: una volta stabiliti i valori che noi riteniamo fondanti, li rintracciamo in alcuni autori del passato e così, invertendo la prospettiva, consideriamo quegli autori come portatori dei valori che ci formano. In realtà sono i valori che noi abbiamo deciso di porre in posizione preminente. Leggere i testi della nostra tradizione letteraria consente di capire che i valori presenti nel nostro umanesimo sono in contraddizione tra loro. Fare esperienza di queste contraddizioni aiuta a vedere le difficoltà e a capire che non sempre i problemi hanno soluzioni (e non per questo bisogna scegliere la via più facile e consolatoria).

Bisogna coltivare i saperi umanistici perché non *si adattano alle esigenze dei tempi*

Se davvero ai saperi umanistici si affida un credito di speranza da riscuotere fra le generazioni a venire, occorre raccontare che la nostra tradizione letteraria non è noia e deferenza, non è subalternità obbediente, ma un passo in avanti verso una rappresentazione del mondo più imprevedibile (che se non inizia qui e ora non ci sarà domani e altrove). E allora il nodo che si pone è la questione della continuità e della distanza che separa noi dal nostro passato. È sulla somiglianza, sulle innegabili continuità fra classici e moderni che deve innestarsi la possibilità di sopravvivenza della tradizione umanistica o è piuttosto sull'ineliminabile differenza, sulla distanza tra noi e loro, che deve giocarsi la partita? Dovremmo forse rassegnarci al fatto che non tutto può essere semplificato e banalizzato. E invece, in generale circola un'aria di resa non solo a proposito delle discipline umanistiche, ma a proposito della formazione in generale. E i contrasti sembrano riguardare solo la misura in cui la formazione deve adattarsi alle esigenze dei tempi e alle congiunture tecnico-economiche. Quasi che la scuola e l'università debbano mimare la realtà esterna, rincorrere e riprodurre il nuovo o le mode effimere. È questo il modello della formazione-azienda, i cui contenuti sono lo stato delle tecniche e il cui fine è l'incontro con il mondo del lavoro (è questo il mantra della modernizzazione e dell'avvicinamento al territorio che è tanto piaciuta ai riformatori scolastici da Berlinguer alla Gelmini a Renzi). Compito della scuola e dell'università è, invece, quello di fornire anticorpi e un freno anticonformistico alle mode, promuovendo un ampliamento di orizzonti, percorsi di conoscenza condivisi, significativi, interculturali, formativi sul piano della riflessione e del ragionamento, dell'analisi di noi stessi e del mondo, accompagnando i più giovani a porsi domande, non a cercare facili, immediate e semplicistiche risposte.

E allora. Invece che riposare sulla pigra retorica delle "nostre radici", i saperi umanistici ci consentono di rovesciare le carte, di guardare il nostro presente con sguardo straniato da marziano, da un'altra prospettiva. Dobbiamo riscoprire quanto siano contorte le nostre radici. Enigmi più che soluzioni. Differenze che stimolano l'intelligenza e accendono l'immaginazione. È questa la cosa più preziosa che i saperi umanistici hanno da insegnarci.

"Prima i meritevoli"

di Salvatore Cingari

Se un giovane nato e cresciuto negli anni Novanta del secolo scorso leggesse la prefazione dell'edizione italiana di *The rise of meritocracy* del 1962, uscita quattro anni dopo l'originale inglese a firma di Michael Young, rimarrebbe sorpreso e spiazzato. Vedrebbe infatti che il sociologo olivettiano Cesare Mannucci definiva la «meritocrazia il contrario della democrazia»[1]. Young infatti, consacrando il lemma nel linguaggio politico occidentale, aveva raffigurato la meritocrazia, in un romanzo sociologico distopico, come una società in cui attraverso test di intelligenza la popolazione è divisa fra un élite di dirigenti e una massa di diretti, dediti ai lavori manuali e domestici, inizialmente rassegnati alla loro minorità in quanto certificata dalla scienza psicometrica. Il racconto finisce con un'insurrezione di una coalizione fra le donne dell'élite e i lavoratori assoggettati, all'insegna della valorizzazione dei meriti *differenti* da quelli produttivisti, come ad esempio le occupazioni legate ai lavori di cura. Young infatti contestava il sistema scolastico inglese basato su un test di intelligenza a undici anni, che, a prescindere dal contesto sociale di partenza, decideva i destini culturali ed esistenziali dei soggetti; l'*Education act* del 1944 era stato sostenuto anche dai laburisti in quanto visto come possibilità di mettere alla pari di fronte a un esame tutti i ragazzi a prescindere dall'estrazione sociale. L'altro obiettivo critico era il produttivismo competitivo e dirigista della tarda età fordista

1 C. Mannucci, Prefazione a M. Young, *L'avvento della meritocrazia* (ed. or. 1958), Edizioni di Comunità, 1962, pp. 11-23.

a cui anche i laburisti, da cui Young era fuoriuscito da sinistra, avevano ceduto. L'uguaglianza di opportunità, secondo Young, in realtà finiva per riprodurre la diseguaglianza.

E del resto, durante il ciclo di contestazione fra il Sessantotto e il Settantasette, la meritocrazia è stata un bersaglio polemico topico, sia nell'ambito scolastico formativo sia in quello del lavoro. Nel primo veniva contestata l'idea di una selettività che non tenesse conto degli ambienti sociali di provenienza e che – come insegnava Bourdieu – finiva per riprodurre le gerarchie sociali esistenti anche nei contesti in cui vigeva la *scuola unica*; nel secondo ambito, invece, si trattava di rifiutare un'idea di retribuzione e di trattamento dei lavoratori sulla base di criteri autoritariamente decisi dai datori di lavoro. Ma anche nel *Dizionario di politica* Bobbio-Matteucci (dunque un testo di matrice non certo sessantottina e antiliberale) del 1976 (Utet), il termine "meritocrazia" veniva ricostruito da Lorenzo Fischer rilevandone la venatura tendenzialmente negativa, che finiva per diventare una legittimazione della diseguaglianza rispetto a cui come antidoti valevano la teoria dei bisogni marxiana e appunto le tesi di Bourdieu sulla riproduzione sociale. Ma la cosa eclatante è che ancora negli inoltrati anni Novanta lo scenario, almeno in Europa, non era cambiato: Romano Prodi[2], nell'introdurre la traduzione della *Terza via* di Anthony Giddens, scriveva nel 1999 che il Welfare state andava riformato ma senza finire nella meritocrazia, essendo questa un'idea neoliberista. Lo stesso Giddens, in quel libro, era appunto ancora perplesso su quella prospettiva, che avrebbe invece abbracciato in modo deciso di lì a poco, passato il millennio.

Ma allora come è successo che il termine oggi sia considerato positivo nel dibattito politico e mediatico e nel senso comune diffuso? Il fatto è che negli Stati Uniti, già dalla sua prima ricezione, il termine inizia anche ad essere utilizzato in senso positivo, nel quadro dei primi segni di quel passaggio a un'economia postindustriale che privilegia le competenze e ritiene necessario dinamicizzare l'offerta piuttosto che, keyne-

2 A. Giddens, *La terza via. Manifesto per la rifondazione della socialdemocrazia* (ed. or. 1998), il Saggiatore, 1999, p. 10.

sianamente, la domanda, investendo sull'impresa e sulle eccellenze[3]. È in particolare il sociologo Daniel Bell che in un impegnato saggio del 1972, *Meritocracy and equality*, utilizza il termine in chiave positiva, criticando l'egualitarismo che si andava affermando nel Paese, con la *great society* johnsoniana, con gli atti affermativi e con tutto un movimento di rivendicazione sociale e razziale che sembrava come incarnarsi in *Una teoria della giustizia* di John Rawls. Quest'ultimo aveva sostenuto che le uniche diseguaglianze ammissibili erano quelle che apportavano un tale beneficio alla società da costituire comunque un progresso di condizione per gli ultimi e che il merito andava riconosciuto come servizio alla comunità e non come motivo per acquisire maggiore potere o privilegi. Bell invece considerava tutte queste tendenze come distruttive del dna del liberalismo americano, che a suo avviso era caratterizzato dalla promozione dell'uguaglianza di opportunità e non di risultati. La meritocrazia veniva quindi qui non opposta al *favoritismo* o alle procedure di tipo ascrittivo per assegnare il potere (come essa emergeva nella tradizione della rivoluzione americana e francese sebbene in assenza del lemma), bensì all'egualitarismo degli anni Sessanta.

In Europa quest'ultima accezione, come si diceva sopra, tarda ad affermarsi, e bisogna aspettare la Terza via di Tony Blair che all'inizio del nuovo millennio la inserisce nell'immaginario delle stesse famiglie politiche di centrosinistra. Tramontate le idee di lotta di classe e di sfruttamento capitalistico, è messa in crisi anche quella di redistribuzione, legata al pregiudizio dell'inefficienza di uno Stato che fornisce risorse a chi non può fecondarle imprenditorialmente a vantaggio di tutta la società. La giustizia sociale viene ora vista soltanto nei termini di una gara di cui vengono garantite le regole di un gioco competitivo a cui tutti devono poter partecipare. È, questa, la stessa logica dell'ordoliberismo, l'ideologia di riferimento dell'Unione Europea, che va a confliggere con i principi redistributivi del costituzionalismo democratico. La meritocrazia sembrava inoltre rompere definitivamente con il mondo patriarcale e valorizzare le differenze come individuali talenti, con ciò rimuovendo proprio l'insegnamento di Young, che aveva spiegato come in

3 R. Brigati, *Il giusto a chi va. Filosofia del merito e della meritocrazia*, il Mulino, 2015, p. 33.

realtà il dominio del merito è omologante in quanto valorizza solo determinati talenti: cioè quelli richiesti dal potere dominante, escludendo le soggettività divergenti e imponendo un modello antropologico. Oggi il modello antropologico imposto meritocraticamente è evidentemente quello aziendalistico, basato su flessibilità, adattabilità e competenze tecnologico-economiche. Il *new public management*, che colonizza tutte le istituzioni pubbliche, tende ora a riprodurre anche nella scuola, negli ospedali, nelle università, nelle forze dell'ordine un clima "concorrenziale", in cui i soggetti sono sottoposti a processi di qualità attraverso una continua valutazione volta a misurarne la performatività e l'*accountability*, sulla base di parametri modellati sulle esigenze produttivistiche e di profitto[4].

Nel nuovo millennio la meritocrazia è diventata un mantra del discorso pubblico europeo, una sorta di teodicea del turbocapitalismo. Ma è facile registrare come ogni discorso in favore della meritocrazia non sia stato pressoché mai accompagnato dall'indicazione degli strumenti per rimuovere gli ostacoli affinché vi siano pari opportunità fra i soggetti; né tanto meno veniva precisato come, una volta espletata la gara (seppure iniziata da blocchi di partenza a pari livello per tutti), si pensava di tutelare i "perdenti" e soddisfare i loro bisogni e la loro aspirazione di realizzazione umana. In realtà l'enfasi sul *merito* è legata all'idea neoliberale secondo cui investire sui più ricchi premia tutta la società con il *trikle down*. In quest'ordine del discorso i dispositivi di redistribuzione sono da limitare in quanto dissipatori di risorse che vengono tolte a chi può investire in direzione di chi non è in grado di farlo. Negli Stati Uniti, il famigerato *The bell curve*[5], in cui si afferma che è inutile sostenere economicamente determinate etnie dato che esse poi non restituiranno mai alla società l'aiuto ottenuto, radicalizza questo modo di vedere. Su un piano più compatibile con visioni illuminato-progressiste la tematica meritocratica legittima le politiche pubbliche a

4 Su ciò cfr. F. Chicchi, A. Simone, *La società della prestazione*, Ediesse, 2017; V. Pinto, *Valutare e* punire, Cronopio, 2019, II ed. integrata; M. Boarelli, *Contro l'ideologia del merito*, Laterza, 2019.

5 R.J. Herrnestein, S. Murray, *The bell curve. Intelligence and class structure in American life*, The free press, 1994.

privilegiare la promozione delle esigenze delle élite, viste come *eccellenze* capaci di migliorare l'intera società, peggiorando in realtà le condizioni economiche e sociali di una massa di persone, magari senza talento secondo il modello dominante. Negli stessi Stati Uniti il sistema di testing per accedere ai college, che in origine doveva – come l'*eleven plus* inglese – mettere tutti sullo stesso livello a prescindere dall'estrazione di classe ed etnica, ha finito per rinforzare sempre di più l'élite tradizionale bianca protestante, integrata con eccellenze di diversa provenienza socioculturale, distruggendo letteralmente il ceto medio, base tradizionale della democrazia americana[6].

Negli ultimi anni sono emerse anche voci discordanti nel pensiero critico, che hanno messo in discussione la compatibilità fra democrazia e meritocrazia, tornando alla matrice storica della parola[7]. Specie dopo la crisi economica del 2008 si è assunta la consapevolezza di come la finanziarizzazione renda non proporzionale l'aumento dei profitti con quello dell'occupazione e dei servizi sociali finanziati dalla fiscalità. La meritocrazia, che tende a far ritenere i ricchi come meritevoli e i poveri come immeritevoli, viene ora di nuovo vista anche come legittimazione della diseguaglianza. Nel suo ultimo libro Thomas Piketty spiega bene come sia potuto succedere che il lemma abbia assunto una valenza positiva: si tratta infatti di giustificare la riapertura della forbice delle diseguaglianze, ma in un contesto giuridico in cui è tutelata l'uguaglianza

6 Su ciò cfr. N. Lemann, *The big test. The secret history of American meritocracy*, Farrar, Straus and Giroux, 1999; S.J. MacNamee, R.K. Miller, *The meritocracy mith,* Rowman & Littlefield, 2004; D. Markovitz, *The meritocracy trap*, Penguin, 2019; M.J. Sandel, *The tyranni of merit. What's become of the common good?*, Farrar, Straus and Giroux, 2020 (trad. it. *La tirannia del merito. Perché viviamo in una società di vincitori e di perdenti*, Feltrinelli, 2021, traduzione di C. Del Bò e E. Marchiafava).

7 Oltre ai testi citati nella nota precedente e alla nota 3, J. Littler, *Against meritocracy. Culture, power and myte of mobility*, Routledge, 2017; D. Guilbaud, *L'illusion meritocratique*, Odile Jacob, 2018; M. Boarelli, *Contro l'ideologia del merito*, cit.; M. Duru-Bellat, *Le mérite contre la justice,* II édition, Presses de Sciences Po, 2019; S. Cingari, *La meritocrazia*, Ediesse, 2020. In quest'ultimo testo approfondisco e sviluppo i contenuti del saggio presente.

dei diritti[8]. La stessa analisi aveva fatto anche Papa Francesco, in un discorso all'Ilva di Genova nel 2017: la meritocrazia colpevolizza il povero come demeritevole e deresponsabilizza il ricco nei suoi confronti, con la conseguente "legittimazione etica della diseguaglianza" e la considerazione del talento non come un dono, ma come un motivo per primeggiare sugli altri. Il securitarismo e il populismo penale dilagato nel nuovo millennio attinge alla stessa logica profonda.

Anche la rivolta neopopulista contro le élite neoliberali si è mostrata del resto tributaria di un primato del mercato che tende soltanto a rivendicare la protezione del capitale nazionale rispetto a quello internazionale: Viktor Orbán, ad esempio, nel suo discorso di Chatham House a Londra nel 2013, sostenendo l'obsolescenza dello stato sociale, precisa che bisogna andare verso una società in cui il *merito* sostituisca il *diritto.* Neoliberali e neopopulisti sono infatti accomunati dalla critica verso le élite politiche che redistribuiscono risorse in nome di interessi corporativi non legati alle reali esigenze dei ceti veramente produttivi. E in quest'ultimo senso, rifiutando la logica di classe, sia i neoliberali che i neoliberisti sono sensibili a un'idea di giustizia di tipo individualistico e meritocratico, talvolta mitigato da contrappesi conservatori e/o identitari.

8 T. Piketty, *Capital et idéologie*, Éditions du Seuil, 2019, pp. 825-829.

"Autonomo è bello"

di Velio Abati e Walter Lorenzoni

PIETRO

Anch'io, come i nostri figli, guardo con ansia al ritorno alla normalità, compresa quella scolastica, dopo l'evento imponderabile, com'è di tutti gli eventi naturali, della pandemia. E sono contento, Paolo, che possano farlo oggi, dopo le riforme. Autonomo è bello: se fossi un pubblicitario, ne farei il mio slogan. Gli istituti possono finalmente aprire le porte al territorio, cambiare l'insegnamento secondo le richieste di chi lavora e produce. In questo modo, lo studio non è astratto, distante dalla vita concreta dei ragazzi e della gente. Per gli stessi soggetti economici del territorio diventa utile investire il loro denaro nella scuola, che ne ha bisogno: lo Stato è pieno di debiti e più ne avrà, ora, con il dramma della pandemia. Non è questo quello che voi di sinistra chiamate partecipazione? Poi, quando lo studente ha finito, può trovare lavoro. Sono tanti, oggi, a studiare, che rimangono disoccupati.

PAOLO

Io invece, Pietro, spero che la pandemia serva proprio per cambiare quell'orientamento che è stato finora dominante e ha sedotto anche menti illuminate, le quali non hanno capito che, in questo specifico caso dell'autonomia scolastica, si ripropone quanto già accaduto altre volte negli ultimi decenni, vale a dire che concetti e termini provenienti dalla tradizione della sinistra in mano alle destre diventano tutta un'altra cosa. Pensa, ad esempio, al federalismo, che si è trasformato in secessione.

La nostra autonomia, come fondamento di una più autentica partecipazione sociale e come presupposto per elaborare con maggiore libertà progetti vicini alle esigenze del territorio, nella logica neoliberista dominante diventa autonomia gestionale, capacità di reperire in modo indipendente le risorse necessarie, entrando in concorrenza con le altre scuole dello stesso circondario. E ti posso assicurare che non si tratta di una cosa semplice come sembra!

Se le risorse vengono cercate nel privato, sappi che non c'è niente di gratuito. Chi concretamente finanzia ne vorrà trarre qualche vantaggio: magari comincia ora a mettere un piede nella scuola, sperando poi, se certe idee di riforma dovessero andare avanti, di condizionare, all'americana, le future scelte degli istituti. Ma il problema più grosso è un altro: in tantissime aree d'Italia mancano proprio i privati propensi a investire. Pensa che, a volte, in certi luoghi non è stato possibile neanche trovare chi fosse disposto ad accogliere gli studenti per l'attività di alternanza scuola-lavoro. D'altra parte mi sembra più che logico: se il lavoro non c'è, non ci saranno neanche aziende per fare esperienze lavorative!

Se invece i finanziamenti vengono dal pubblico, sono e saranno sempre di più assegnati sulla base di parametri cosiddetti "oggettivi" (numero degli iscritti, vari tipi di risultati ottenuti, ecc.) che, vista la scarsità delle risorse messe a disposizione per l'istruzione negli ultimi anni, diventano una competizione tra poveri per accaparrarsi poche briciole.

PIETRO

Magari c'è qualcosa da aggiustare, ma c'è un aspetto che è davvero da conservare. Finalmente è finita l'indolenza del lavoro statale, la strada garantita, l'attesa delle direttive dall'alto, la mancanza di voglia di cambiare, l'investimento personale con la fantasia, la messa alla prova, la gara positiva con gli altri. Sono contento che sia stato tolto l'aggettivo "pubblica" al Ministero dell'Istruzione, perché tutti devono concorrere alla migliore offerta formativa: è l'utenza, chi a scuola va – studenti e famiglie –, che più di chiunque altro sa quale istituto è migliore e quale peggiore. Ora, con l'autonomia, ha il potere di premiare (iscrivendosi) o punire (non iscrivendosi). Così ogni istituto – dirigenti, insegnanti, impiegati – è costretto a migliorarsi, se non vuole sparire.

PAOLO

Ma quale "gara positiva con gli altri"! Lo Stato, in cambio del contentino dell'autonomia, scarica il problema sugli istituti e sui singoli insegnanti. Non ti sai finanziare? La colpa è tua. Vuol dire che sei inadeguato al tuo compito, che non ti aggiorni e non ti applichi adeguatamente. È la competizione, bellezza! La meritocrazia!

Mi meraviglio di te, Pietro! Ma come puoi credere a certe cose? Hai idea di come tutte queste energie –incanalate nella ricerca di fondi, nella compilazione di moduli, nel perfezionamento delle competenze burocratiche e sottratte all'attività didattica – trasformino il lavoro intellettuale in mera occupazione impiegatizia, creino confusione dei percorsi, sprechino forze per la mera propaganda e l'inutile ricerca di effetti speciali! Siamo arrivati al paradosso per cui le scuole spendono i loro magri fondi per fare gli spot pubblicitari sulle televisioni locali durante il periodo delle iscrizioni!

PIETRO

Sì, lo so, in Italia si trova ancora un po' di approssimazione, di corruzione, di furberia, di familismo. Ma per fortuna c'è uno strumento scientifico, di validità internazionalmente riconosciuta, che permette una valutazione indiscutibile dell'efficacia formativa: l'Invalsi. Questo non lascia scappatoie: chi è indietro si tiri su le maniche; gli istituti scarsi si mettano al lavoro seriamente. Se poi mi obbietti che in certi contesti l'utenza è storicamente più indietro di altri, basta somministrare il test Invalsi agli inizi e poi ripeterlo alla fine.

PAOLO

Il tuo mi sembra un ragionamento troppo semplicistico. Ammettiamo la validità scientifica delle prove Invalsi – e sarebbe cosa tutta da dimostrare –, ammettiamo anche che si arrivi a fare, contrariamente a quello che avviene oggi, una valutazione delle condizioni iniziali degli studenti; bene, non è comunque vero che, misurando l'incremento quantitativo dei risultati tra ingresso e uscita, io riesca a valutare l'efficacia dell'insegnamento impartito. Così facendo, infatti, non tengo conto della condizione concreta di ciascuno studente (territoriale, sociale, familiare) che incide in modo decisivo sulla stessa possibilità di conseguire un certo incremento invece di un altro. Se le situazioni di svantaggio non vengono combattute a monte, è illusorio pensare che la scuola possa colmare ogni lacuna. Sarebbe una vera tragedia se, come qualcuno sospetta, le prove Invalsi dovessero valere per la distribuzione delle risorse ministeriali alle scuole "più brave". Quelle più ricche, in tutti i sensi, diventerebbero sempre più ricche e, viceversa, quelle più povere sempre più povere. Un po' quello che accadrà, visto che lo schema è grosso modo lo stesso, alle Regioni, se il progetto di autonomia differenziata dovesse andare in porto; progetto che nella gestione della pandemia ha fatto le prove generali e ci ha già fatto vedere in anticipo i danni e il caos che possono produrre tanti "staterelli regionali" che procedono ognuno per conto proprio.

“La scuola deve preparare al mondo del lavoro”

di Luigi Vavalà

Oggi si ripresenta in versione raffinata l’egemonia del rapporto dialettico tra accumulazione della ricchezza e consumo di merci, subordinando a questo i grumi rimasti attaccati del rapporto signoria-servitù e nascosti dietro le forme dell’eguaglianza giuridica.

Una scuola con la presenza di una robusta formazione critica avrebbe potuto insidiare le nuove forme di sottomissione e riaprire una forte dialettica della liberazione da sussunzioni servili, e riproporre una lotta storica dal vasto orizzonte in grado di presentare nuove possibilità di gioia di vivere e di libertà espressive.

La deleteria ma invasiva razionalità economica strumentale ha invece attaccato in modo violento tutte le strutture educative, introducendo persino un linguaggio sospeso tra il militare e il mercato: “strategie”, “mission”, “debiti”, “crediti”, “prodotti finali”, “competenze”, “offerte formative”, alternanza scuola-lavoro, autoimprenditorialità.

A questa scriteriata orgia linguistica bisogna aggiungere la coatta e ossessiva pervasività delle nuove tecnologie diventate scopi e non mezzi, che hanno provocato addirittura la caduta della semplice lettura sequenziale.

In pochi anni la scuola italiana, che pure presentava ottime scuole elementari e buoni licei classici, ha perso la bussola della formazione complessiva (*Bildung*), la presenza di una padronanza storica, e un solido orientamento teso a proporre un’alleanza feconda tra umanesimo e scienze.

La risposta delle forze antagoniste al liberismo distruttivo è stata debole nel migliore dei casi, e del tutto subalterna e complice nei fatti.

Agli studenti soprattutto è stata tolta la visibilità sul mondo contemporaneo, sulle forze che si scontrano per migliorare o peggiorare la convivenza umana, ma è stata tolta anche la gioia della conoscenza gratuita, fine a se stessa, e quindi i giovani vengono privati della possibilità di godere della libertà espressiva, del riso, dell'ironia, dell'utilità della storia critica, dell'efficacia della tragedia, del probabilismo scientifico, delle bellezze letterarie e artistiche.

Così viene a smarrirsi la stessa costruzione dell'umano, per fare spazio a clienti, utenti, iloti pronti a consumare e a realizzarsi in una competizione sfrenata con i propri simili.

La posta in gioco è diventata altissima, perché la sopravvivenza della vita sul nostro pianeta, messa in pericolo da forti spinte distruttive, richiederebbe l'urgenza di attingere alle sterminate antichità, al Rinascimento, all'Illuminismo, alla cultura mitteleuropea, alle energie migliori delle religioni, alle previsioni delle scienze, per fare argine alla follia del capitale e conservare le possibilità di una vita migliore alle nuove generazioni.

L'assoluta miopia di sottomettere la scuola e l'università al dominio onnivoro del mercato è foriera di una catastrofica scomparsa della civiltà, e di nuovi periodi oscuri della Storia umana.

Si pone l'esigenza di reagire immediatamente, riproponendo la forza di una formazione umana in grado di costruire nuove cooperazioni per impedire il crepuscolo definitivo della ragione umana.

Ritengo sia urgente lanciare una sfida egemonica contro le macchine retoriche oggi dominanti e funzionali al feroce dominio di ristrette oligarchie che hanno causato forse la più grande diseguaglianza mai esistita nella Storia umana.

Sarebbe opportuno riproporre la *parrhesia* greca, che è semplicemente la forza di dire il vero contestuale e rappresenta uno straordinario esercizio critico per non essere eccessivamente governati.

Oggi sarebbe anche urgente riprendere il tema kantiano dell'uscita dallo stato di minorità, ovvero pensare con la propria testa e in una comunicazione costante e reale con gli altri umani.

La sfida egemonica proposta è molto seria perché da molto tempo ormai la retorica è tornata distruttiva ed è diretta causa di imposture e di riproposizione di stati di minorità e assoggettamento.

Proprio dalle scuole potrebbe partire questa sfida interessante e in netta controtendenza nei riguardi delle ultime riforme scolastiche indirizzate alla triste retorica del mercato, delle competizioni continue, delle guerre tra istituti scolastici prive di senso e della evidente distruzione di conoscenze critiche.

Il linguaggio oggi dominante nelle scuole e nelle università italiane maschera e camuffa in modo maldestro gli imperativi economici sottostanti. A inizio anno scolastico tutte le presidenze impongono l'elaborazione della offerta formativa, che in ultima istanza si riduce a delle proposte funzionali al mercato economico.

Le prove Invalsi, confermate anche dall'attuale governo, rivelano le cosiddette criticità solo nelle discipline immediatamente spendibili nel mercato del lavoro, come la lingua inglese e una semplice matematica di base. Rifiutando scientemente di vedere le lacune macroscopiche di formazione critica e storica, che di fatto impediscono il protagonismo effettivo delle nuove generazioni.

Si crea una narrazione continua e insistente sulle meraviglie progressive del digitale, sulla connessione continua in rete, mentre nella realtà effettuale continuano a prevalere comunicazioni intersoggettive distorte, torri di Babele di incomprensione, solitudine e assenza di dialogo.

Si costruiscono, con dispendio di tanto denaro, biblioteche digitali, ma pochissimi studenti frequentano tali biblioteche. È del tutto disincentivata la lettura del cartaceo.

Si predica la cosiddetta cittadinanza attiva, che nel migliore dei casi produce interventi limitati sul territorio e simulacri di partecipazione a rituali stanchi, del tutto inefficaci. Mentre, al tempo stesso, viene completamente sottratta la visibilità storica complessiva sui drammi del mondo contemporaneo.

Infine, a partire dalla *ossimorica* "buona scuola" del governo Renzi, gli istituti medi superiori hanno dovuto impegnare gli studenti nella cosiddetta alternanza scuola-lavoro. Si tratta di una grave sottrazione di ore di studio per svolgere mansioni per lo più noiose e ripetitive, niente affatto formative. Appare evidente in questo ambito la torsione della scuola a una logica lavorativa, che parte dal presupposto che la conoscenza deve essere utile e che il principale obiettivo dell'istruzione sia quello di sfornare moderni iloti e non di formare liberi cittadini consapevoli.

"L'educazione è funzionale alla performance"

di Mario Fiorentini

Il 16 aprile 2018 il Miur rilasciava un documento, intitolato *Sviluppo professionale e qualità della formazione in servizio*, che mirava a fornire linee guida per la formazione dei docenti della scuola secondaria. Il piano di formazione 2016-2019 si focalizzava in particolare su quattro elementi: «indicatori di qualità, standard professionali, curriculum e portfolio professionale del docente». Ancor prima, nel dicembre 2017, in relazione al ruolo del professore di filosofia nei licei, un altro documento (*Orientamenti per l'apprendimento della Filosofia nella società della conoscenza*) dichiarava che il compito dell'insegnamento della filosofia «non può consistere solo nella ricostruzione storica della formazione delle idee, ma richiede anche la predisposizione mirata di una "cassetta degli attrezzi concettuali" da consegnare a ciascuno studente».

Siccome «le parole sono importanti» (Michele Apicella docet), abbiamo il dovere di considerare le espressioni che ho riportato come modelli di formazione che il ministero ha predisposto come obiettivi vincolanti per chi insegna. Non sfuggirà che il vocabolario impiegato in questi documenti (il «portfolio», la «cassetta degli attrezzi») faccia un palese (benché metaforico) riferimento a modelli aziendalistici esplicitamente evocati fin dalla "Strategia di Lisbona" nel 2000, che sottolineava «il ruolo fondamentale di istruzione e formazione per la crescita e lo sviluppo economico». Mettere l'istruzione e la formazione continua al centro delle politiche europee sarebbe un piano bellissimo e da approvare entusiasticamente, soprattutto se condito con belle parole come quelle che danno il titolo a un altro documento emanato il 3 marzo

2010, nel pieno della crisi mondiale esplosa nel 2008, *Europa 2020. Una strategia per una crescita intelligente, sostenibile e inclusiva*[1]. Chi non vorrebbe una crescita sostenibile (ammesso che, nel nostro modello economico, «crescita» possa andare d'accordo con «sostenibile»)? E chi si pronuncerebbe contro strategie di «crescita inclusiva» (qualsiasi cosa voglia dire)? E chi si potrebbe lamentare di un piano che definisce l'educazione «un diritto fondamentale e un bene pubblico che, oltre a rappresentare uno dei diritti inerenti al benessere e all'armonico sviluppo di ogni singola persona, costituisce un vero e proprio "bene collettivo" da cui dipendono la crescita e lo sviluppo di ogni Società» (si tratta del Pon *Per la Scuola*, teso a realizzare «un'istruzione di qualità che, per essere tale, si basi sull'equità, sull'inclusione e sulla garanzia di pari opportunità per tutti»[2]), che ha tra i suoi obiettivi primari combattere la dispersione scolastica? La conoscenza come bene collettivo: per chi, come me, studia da anni il problema dei beni comuni e le sue radici storiche, sarebbe miele per il palato…

Purtroppo l'entusiasmo si spenge subito quando si esamina la declinazione pratica di queste bellissime parole (inclusività, sostenibilità, bene collettivo). La finalità di questo processo, infatti, va in una direzione che ha una dimensione eminentemente pratica, diretta ad assicurare la crescita economica, e che riporto con le parole dell'intervento di una voce molto critica, quella di Rossella Latempa[3]: «l'educazione deve essere ripensata in funzione di competenze che generino occupazione (*employability*), produttività e competitività». E allora suona subito un campanello d'allarme: il modello europeo di educazione disegnato in questi documenti va esattamente nella direzione opposta a quella dell'insegnamento di un sapere critico. Un allarme che suona in entrambe le direzioni, quella del docente e quella del discente.

1 https://eur-lex.europa.eu/legal-content/IT/TXT/?uri=LEGISSUM%3Aem0028, ultimo accesso 3 maggio 2021.

2 *Giornata Internazionale dell'Educazione, 24 gennaio: il Pon Per la Scuola contribuisce ad elevare la qualità dell'insegnamento anche grazie a modelli di misurazione dell'efficacia*, https://bit.ly/3vIu46F, ultimo accesso 3 maggio 2021.

3 R. Latempa, *Destrutturare le sinapsi cerebrali, le emozioni e il giudizio su di sé dei docenti: ce lo chiede l'Europeanization dell'istruzione*, Roars, 1 dicembre 2017, https://bit.ly/3ujbKR9, ultimo accesso 3 maggio 2021.

Al docente è richiesta una sempre più gravosa somma di adempimenti burocratici che accertino le sue competenze: l'aggiornamento continuo del suo "portfolio", l'obbligo di rispondere a innumerevoli questionari di valutazione e di autovalutazione, spesso pensati per discipline diverse da quelle insegnate, la partecipazione a commissioni imposte per legge, l'impegno a iniziative di "terza missione" sottraggono inevitabilmente tempo alla formazione e allo studio. Lo stesso uso del termine "portfolio" è estremamente indicativo della direzione impressa al sistema. Il vocabolario Treccani lo definisce così[4]: «Nel linguaggio commerciale, pubblicazione o inserto (in un quotidiano o periodico) di materiale espositivo, illustrativo e promozionale, elaborati allo scopo di lanciare un nuovo prodotto, di presentare una campagna pubblicitaria o, in genere, una nuova attività». In primo luogo fa specie che una parola italiana (portafoglio), mutuata in inglese, sia usata in inglese (viene immediatamente in mente la parola *plus*, pronunciata *plas*, all'inglese: una tendenza che a me, nato un millennio fa, fa salire molto malumore): ma è solo un sintomo, e neanche il più deprimente, della sempre maggiore sudditanza a modelli di importazione che, nell'esterofilia dilagante nel nostro disgraziato Paese, dimostrano semplicemente un provincialismo d'accatto che non tiene conto del fatto che, con una percentuale di Pil impiegata per l'istruzione non degna neanche di un Paese del Terzo Mondo, la ricerca italiana si fa valere con onore nel panorama mondiale; segno che la formazione, benché più lenta che negli altri Paesi, sforna ricercatori di prim'ordine che, ovviamente, trovano gloria all'estero, perché troppo qualificati per trovare lavoro in Italia, dove i lavori offerti sono mediamente a bassissimo tasso di specializzazione.

Allo studente viene offerto un "pacchetto" di nozioni preconfezionate adatte a inserirlo nel mondo del lavoro. Fece scalpore, nel 2018, in attuazione di quel piano renziano orwellianamente chiamato "La buona scuola", l'inserimento dello "spirito di iniziativa e imprenditorialità" tra le competenze che avrebbero dovuto essere valutate per i bambini delle scuole elementari, aggiungendo che «elementi di competitività vanno introdotti gradualmente dalla primaria alla secondaria, per dare agli allievi l'opportunità di convalidare le loro idee e l'ambiente impren-

4 https://www.treccani.it/vocabolario/portfolio/, ultimo accesso 3 maggio 2021.

ditoriale/di start up». Alle elementari, nei mitici anni Sessanta del secolo scorso, non mi sarei mai sognato di pensare da imprenditore, ed ero così poco propenso alla competizione che nel tempo libero giocavo con i miei amici. Oggi fin dalle elementari si inocula nei cervelli ancora malleabili dei bambini che il succo della vita è la competizione, in un mondo da "dentro o fuori", e il successo, in un mondo da *homo homini lupus* in cui, in un gioco a somma zero, la vittoria di uno significa la cancellazione di un altro. Il tutto unito alla volontà di creare una sorta di nuovo *homo oeconomicus*, capace di comprendere che il mutamento e l'imprevisto sono la normalità della vita, che impongono la necessità di disporre fin da piccoli degli strumenti del *problem solving*. Quella che dovrebbe essere una consapevolezza che si acquisisce progressivamente crescendo e facendo esperienze di vita in cui si vince e si perde, diventa competenza da acquisire fin da piccoli: la via maestra per condurre un'intera generazione all'infelicità. Un'esperienza con cui chi scrive si misura ogni giorno, quando fa esami all'università: arrivano ragazzi spaventati, disorientati, in preda a violenti attacchi di ansia da prestazione, ai quali sembra di andare in una guerra da cui si esce o vincitori o morti. Ragazzi sempre più fragili ogni anno che passa.

Ancor più delirante è il Business Model Canvas, un'espressione presa di peso dal mondo dell'imprenditoria e così presentato nel sito dedicato[5]: «La tua azienda può essere ancora più competitiva. Può creare più valore per i suoi clienti. Può dar vita a nuovi business *davvero* innovativi. [...]. Il Business Model Canvas è uno strumento strategico di Business Design che utilizza il linguaggio visuale per creare e sviluppare modelli di business innovativi». Appunto: la scuola come azienda... Il tutto condito col solito *inglesorum* aziendalistico che tocca vertici inarrivabili nel Sillabo per l'*Educazione all'imprenditorialità* emanato dal ministero il 14 marzo 2018 per le scuole superiori, condito di espressioni come «Innovation e Creativity Camp o Startup bootcamps», «Hackaton» «incontri di co-creazione anche su format di matchmaking»; «Personas»[6]. Un delirio...

5 https://bit.ly/3tRHb3T, ultimo accesso 3 maggio 2021.

6 R. Latempa, *Il sillabo imprenditoriale del MIUR: "Oggi spieghiamo: il Business Model Canvas"*, Roars, 15 aprile 2018, ultimo accesso 3 maggio 2021.

Quindi i processi innescati nello scorso decennio in Europa vanno nella direzione dell'aziendalizzazione della formazione: si impara per trovare lavoro. Una finalità in sé non sbagliata dato che, dopo avere frequentato la scuola, ad ognuno è richiesto l'impegno personale per contribuire, nei limiti delle proprie facoltà, al progresso civile del proprio Paese. Ma questo obiettivo è diventato l'unico perseguibile in un'Europa che ha deciso di uniformare i sistemi scolastici nel segno della subalternità della formazione alle richieste del mercato del lavoro. Un piano perverso che trova la sua più compiuta formulazione nel mondo universitario.

Al grido dello "scollamento dell'istruzione universitaria dal mondo del lavoro", gli ultimi vent'anni sono stati un unico calvario di interventi (chiamarli riforme è pura blasfemia) tutti rivolti a uniformare i percorsi di formazione universitaria alle esigenze del mercato del lavoro: con questa impostazione ovviamente sono state privilegiate le materie più immediatamente spendibili in termini di occupazione, a scapito di quelle "inutili". A farne le spese sono stati i settori con cui "non si mangia", in primo luogo le discipline storiche e umanistiche. Si è perfino arrivati a proporre l'abolizione di insegnamenti che non raggiungessero un numero minimo di studenti frequentanti, in nome di una "razionalizzazione" dei percorsi formativi e dell'eliminazione di discipline poco appetite dalla clientela (ossia dagli studenti iscritti ai corsi di studio). Ora, pare evidente che un corso di lingua e letteratura sumera avrà necessariamente un pubblico un po' più ristretto di quello che segue economia aziendale. Ma eliminare dai curricula lo studio del sumero significa impoverire non solo l'offerta formativa, ma anche la possibilità che il passato ci possa parlare, e che nostri studiosi contribuiscano a far parlare al mondo di oggi chi è vissuto millenni fa.

Chi scrive, insegnando Diritto romano a Giurisprudenza, sperimenta quotidianamente il sostanziale disinteresse con cui le discipline storico-giuridiche sono viste da esponenti di altri settori, convinti che lo studio dei codici e della giurisprudenza di merito e di legittimità siano sufficienti per la formazione di un buon giurista pratico. L'impegno che tocca in primo luogo, allora, diventa giustificare l'esistenza in vita di una disciplina apparentemente scollata dal presente, che parla di persone, uomini e donne, che nascevano, vivevano, commerciavano, litigavano e morivano due millenni fa, e spiegare che questo insegnamento non è utile solo per la formazione pratica del giurista odierno, aiutandolo a impratichirsi subito con gli strumenti concettuali necessari alla professione, ma anche per la realizzazione di una *forma mentis*, di un'attitudine critica che, impadronendosi delle tecniche di ragionamento, possa essere spesa sia per contrastare gli argomenti dell'avversario nel processo, sia, e più in generale, per capire il mondo che ci circonda. Per raggiungere questo scopo non bastano le competenze che si acquisiscono in corsi di studio che insegnano "come fare le cose", che è l'obiettivo che si propone l'intero attuale sistema della formazione; serve lasciare il tempo per sedimentare le cose che si apprendono, la calma e la lentezza del ragionamento, che sono incompatibili con la velocità vertiginosa della comunicazione attuale. Serve silenzio, merce in via di estinzione in un mondo in cui il rumore di fondo e le grida di chi ci circonda sovrastano ogni voce sussurrata. Serve solitudine (volontaria, non quella degli incel...), per stare con se stessi e meditare sulle cose: un'attitudine aborrita perché chi sta solo è un perdente, mentre chi è circondato da folle adoranti o ha milioni di follower sui social ha raggiunto il successo. Serve quel benedetto "perdere tempo" perché, quando non si è occupati a fare mille cose nello stesso momento, è allora che il cervello va per conto suo ed elabora le idee migliori. Serve, nei limiti del possibile, inseguire i propri sogni. Serve ribellarsi alla dittatura della performance.

E qui si arriva, credo, al nucleo più problematico di tutta la questione della formazione.

Il problema è rispondere a questa domanda: che tipo di adulto vogliamo formare? L'individuo creatore di valore e consumatore o il cittadino consapevole? Per formare il primo basta fargli acquisire le "competenze", questo mostro dai contorni sfuggenti che va sempre a braccetto con la competizione e il mondo hobbesiano. Avremo milioni di manager di se stessi che non trovano sbocchi occupazionali perché le "competenze" che hanno acquisito sono troppo superiori a quelle richieste da un mercato del lavoro che chiede personale con scarsa specializzazione, idoneo a svolgere mansioni di basso profilo. Avremo migliaia di ragazzi che, dopo essere stati formati (bene) nella nostra pur disastrata scuola, andranno a cercare e trovare fortuna all'estero, impoverendo il nostro Paese delle menti migliori, quelle che meglio potrebbero contribuire al suo progresso civile.

Se vogliamo evitare tutto questo, se vogliamo avere cittadini consapevoli, è necessario abbandonare la formazione di stampo aziendalistico. Certo, non tornare indietro alla scuola gentiliana e all'università di élite, ma fornire ai discenti, fin dai primi anni, gli strumenti adatti per ragionare con la propria testa. E in primo luogo tornare, con metodi nuovi, a insegnare la lingua. Chi ha detto che parlare bene vuol dire ragionare bene ha detto una grande verità, ma questo è possibile solo a chi domina la lingua nella sua struttura e nelle sue tonalità: una verità valida a maggior ragione in una lingua come quella italiana, ricchissima di sfumature e di possibilità di esprimere pensieri diversi con le stesse parole (ai miei studenti, per spiegare loro il significato dell'espressione *certa verba*, faccio notare la differenza tra "certe parole" e "parole certe"). Insegnare una lingua significa anche fare apprendere le strutture nascoste del pensiero, condizione preliminare per ragionare bene. Questa preparazione, che dovrebbe iniziare fin dai primi anni della scuola dell'obbligo, sarebbe di grande aiuto anche in seguito, negli studi universitari. Arrivano ragazzi che, oltre a non sapere niente della storia italiana del secondo dopoguerra (tanto per fare un esempio, la strategia della tensione è per loro terra incognita, e quando mi capita sono ben lieto di dare loro una prima informazione anche bibliografica; e con soddisfazione li vedo ascoltare sbalorditi quello che racconto loro e appuntarsi avidamente i libri che propongo loro di leggere), non conoscono l'abbiccì della costruzione di un ragionamento coerente: e questo vuol dire non essere in grado di pensare bene. Pensare bene è il grado zero del cittadino consapevole, a cui poi bisogna aggiungere tutto un bagaglio di conoscenze da apprendere progressivamente e da organizzare. Questo però non va a braccetto con il modello di formazione attuale. Servirà allora un atto di ribellione, un'obiezione di coscienza civile dal basso da parte dei docenti che faccia breccia nelle menti e nei cuori dei discenti.

“Il digitale è la scuola del futuro”

di Anna Angelucci

Due nuovi, inquietanti acronimi incombono sulla scuola in questo tempo funesto: Dad, didattica a distanza, e Ddi, didattica digitale integrata.

Se la Dad – in ragione del lockdown sanitario prima e delle classi sovraffollate e della penuria di mezzi pubblici poi – si è resa necessaria nell’emergenza della pandemia, la didattica digitale integrata appare l’esito non improvvisato di un processo che parte da lontano e che trova il ministero dell’Istruzione pronto a emanare le sue linee guida ad agosto 2020.

Che così parlano: «La Ddi, di fatto, rappresenta lo spostamento in modalità virtuale dell’ambiente di apprendimento e, per così dire, dell’ambiente giuridico in presenza». La circolare ministeriale rende dunque obbligatoria l’adozione, nel piano triennale dell’offerta formativa di ogni istituto superiore, di un ambiente virtuale di apprendimento, da utilizzare in alternativa a quello tradizionalmente abitato in presenza.

Non è propriamente una novità per chi di noi è stato attento. L’Agenzia per l’Italia digitale nata nel 2012 e il Piano Nazionale Scuola Digitale del 2015 auspicavano da tempo «una strategia complessiva di innovazione della scuola italiana e per un nuovo posizionamento del suo sistema educativo nell’era digitale», strategia in parte recepita dalla legge 107/2015, che introduce nelle scuole gli animatori digitali, l’obbligo del registro elettronico che «dematerializza i rapporti scuola-famiglia» e la pratica dell’Invalsi, che a partire dal 2017 produce e somministra a intere coorti di studenti massicce dosi di test *computer based*, con cui, anche in costanza della pandemia, continua a pretendere di misurare e valutare una scuola spezzata da un’emergenza senza fine.

Il presupposto comune è che l'innovazione tecnologica viene intesa come unica innovazione possibile per un'istruzione deculturalizzata da rendere esclusivamente funzionale al mondo produttivo; la prospettiva è quella di uno sviluppo senza progresso in un orizzonte asfitticamente economicistico.

Non si tratta solo di un cambiamento metodologico e didattico ma culturale, politico e sociale, in un orizzonte sovranazionale: le raccomandazioni della Commissione europea a intervenire in questa direzione sull'insegnamento e sull'apprendimento risalgono agli anni Novanta; il primo Libro Bianco della Commissione europea, intitolato *Crescita, competitività, occupazione*, in cui il tema dell'educazione viene esplicitamente subordinato agli obiettivi di sviluppo economici, è del 1993: le scuole devono promuovere un'alfabetizzazione che leghi strettamente l'acquisizione delle competenze all'uso del digitale e delle tecnologie informatiche perché questo è ciò che chiede il mondo produttivo del terzo millennio, l'industria 4.0 a livello globale.

La didattica digitale integrata ha un forte legame ideologico con la didattica per competenze, ormai rigidamente declinata nelle scuole in competenze di cittadinanza, competenza digitale, competenze professionali, competenze trasversali e addirittura in sillabi per competenze. Le linee guida indicano, oltre agli strumenti da usare – quali Lim, tablet, computer, smartphone e registro elettronico –, anche il claustrofobico perimetro standard in cui realizzarle. Le attività didattiche dovranno essere interdisciplinari, concordate all'interno dei consigli di classe e finalizzate alla costruzione di competenze: i docenti sono chiamati a individuare i contenuti essenziali e i nodi interdisciplinari per costruire attorno ad essi una formazione interessante e motivante. Le discipline offriranno strumenti e linguaggio, saranno il mezzo e non il fine: affinché la proposta didattica del singolo docente si inserisca in una cornice pedagogica e metodologica condivisa, che garantisca omogeneità all'offerta formativa dell'istituzione scolastica.

I collegi docenti, ma anche i singoli docenti nelle loro lezioni – cui non ci si stanca mai di suggerire attività didattiche miracolose quali la *flipped classroom* e il *debate* – dovranno realizzare una «combinazione adeguata di attività in modalità sincrona e asincrona, per consentire di ottimizzare l'offerta didattica con i ritmi di apprendimento, avendo cura di prevedere sufficienti momenti di pausa», onde garantire la *customer satisfaction* cui ormai è legata la sopravvivenza stessa della scuola autonoma dello Stato, presto destinata anche in Italia alla deriva privatistica delle charter school.

Di questa nuova, autocratica *Bildung* del tutto eterodiretta, le discipline, essenzializzate nella riduzione dei contenuti e della loro rilevanza, diventano il mezzo; la digitalizzazione, amplificata nel meccanismo combinatorio ibrido, diventa il fine; le competenze, ridotte a mere abilità individuali di natura procedurale, costituiscono l'unità di misura per un apprendimento economicamente produttivo.

La società digitale globale, monopolizzata dalle multinazionali Gafam cui abbiamo consegnato l'intero sistema di istruzione italiano senza battere ciglio, vuole una scuola digitale, uno studente digitale, un insegnante digitale, una pedagogia digitale. Vuole che noi insegniamo a pensare digitale, a partire dal coding per le creature piccole. Le nuove tecnologie informatiche, potentemente e molecolarmente pervasive e trasformative a livello sociale e individuale, quantitativo e qualitativo, non consentono la persistenza di forme di sapere tradizionalmente intese, cioè tradizionalmente elaborate, rielaborate, conservate, sperimentate, trasmesse attraverso un codice di comunicazione prevalentemente alfabetico, causale e sequenziale o attraverso forme di conoscenza empirica. I contenuti delle discipline devono diventare *digital contents* ed essere riorganizzati sul modello dei database, attraverso lo stesso criterio algoritmico che organizza e struttura tutte le informazioni reperibili in rete. Il libro cartaceo – testimone di una concezione considerata trasmissiva, gerarchica e verticistica di un sapere basato sull'*auctoritas* dello studioso e sulla centralità del docente che, avendo letto e approfondito, offriva quel sapere alla rielaborazione degli studenti – deve essere sostituito da un supporto, una risorsa, un prodotto didattico possibilmente multimediale, interattivo, partecipato, co-costruito, in un feticismo della tecnica che sembra indurre a una radicale sussunzione dell'intera esperienza esistenziale dei più giovani, e della condizione umana in generale, in quella che pare configurarsi come una nuova ontologia digitale.

Il quadro di riferimento concettuale, profondamente ideologico, di questa nuova, mostruosa *Bildung* contemporanea è costituito dall'*European Framework for the Digital Competence of Educators* che la Commissione europea ha redatto nel 2017: diviso in sei macroaree, il documento dedica la terza alla descrizione della «Pedagogia Digitale», che elenca puntigliosamente «dispositivi, servizi, strumenti digitali nonché i formati e i metodi pedagogici per l'istruzione» di cui i docenti dovranno servirsi non solo per alfabetizzare gli studenti ma per promuovere processi di soggettivazione digitale, di formazione e gestione della loro «identità digitale». Poiché, come ci ha insegnato John Dewey, insieme ad ogni processo formativo si realizza nel tempo «un sottostante [e più significativo] processo di formazione di abiti, attitudini e interessi permanenti», è questo ciò che occorre realizzare per continuare ad alimentare un sistema capillare di produzione e consumo tecnologico. Questa è l'*innovazione* e non importa se il processo per l'Homo sapiens è mortifero.

La didattica digitale si fonda sulla dematerializzazione e sull'assenza del corpo, si fonda su una pseudopresenza umbratile, momentanea, sincopata, inconsistente, virtuale. Nella didattica digitale prevale un linguaggio freddo e contingente di connessione e non quello profondo della relazione. Aumenta a dismisura la funzione fàtica della comunicazione che tende a saturare lo spazio e il tempo della lezione in un'insopportabile ecolalia di «mi sentite? Ci siete? Mi vedete?» a scapito dell'espressività, della riflessione e della rielaborazione critica degli argomenti che nella classe come comunità interpretativa si istituisce attraverso il dialogo aperto, la reciprocità dello sguardo, il movimento dei corpi, l'incontro umano, la vita.

La pedagogia digitale nega l'umano, nega la vita.

La selva

di Gianni Vacchelli

Mi aggiro nel dedalo dei corridoi, senza volgermi a una guida che non ho, a un mar del senno che non mi accompagna. Del resto questo non è l'inferno e io dovrei conoscere l'edificio, perché ci vengo da anni e ci lavoro pure al liceo Dante Alighieri. Non è la città di Dite. Quindi me la caverò da solo, vero? E non è notte, o qualche orario insolito. Mi sono sempre chiesto come fossero questi malinconici e tristi corridoi di notte. Penso che se li attraversassi mai a quell'ora, farei come quando, da bambino, per paura del buio, percorrevo l'anticamera di scatto col cuore in gola, sperando finisse subito, per arrivare sano e salvo alla luce calda e dolce della mia cameretta.

Ma non è mezzanotte, sono le 10 del mattino. La classica terza ora.

Ovvio, l'avete capito tutti. Sono un insegnante. Insegno Letteratura italiana e latina. E sono anche uno scrittore. E qui, quando percorro questi corridoi, in effetti mi porto dietro l'uno e l'altro: appare di più l'insegnante, ma il motore è sempre lo scrittore. E anche quando scrivo, talvolta fa capolino l'insegnante. Ho scritto due romanzi distopici sulla scuola. Ma la sensazione adesso è molto strana, anzi, devo proprio dirlo: molto sgradevole. Quello che vedo e conosco davanti a me, non l'ho scritto io in uno dei capitoli delle mie narrazioni distopiche. E forse una delle ragioni della sgradevolezza è anche questa: che avrei potuto e non l'ho fatto. Ma soprattutto mi trovo superato dalla realtà, o da quella che crediamo tale, presunta tale, quella che si spaccia per e noi prendiamo per. Ed è veramente molto, molto sgradevole per un romanziere vedere la propria immaginazione superata da ciò che ti sdipana davanti. Per l'artista sentirsi oltrepassato non dalla natura ma da quella che sembra una folle mimesi, una trama delirante, ma con immagini, visioni, fotogrammi che ti lasciano sconvolto. Esterrefatto. E uno scrittore cerca sempre di scriverne così.

Mi aggiro in questo svilito labirinto, che non ha niente di mitico, e vedo, in piena mattinata scolastica, aule vuote con le sedie gambe all'insù sui banchi, vedo colleghi far lezione in classe da soli, vedo una Lim accesa con i volti di alcuni studenti a rispondere alle domande di un professore che non è lì, solo la sua giacca a vento appesa alla sedia della postazione pc, vedo la nostra perdita del volto, vedo che non vediamo più i sorrisi, le espressioni sincere o ipocrite, vedo che ci sono delle ragioni per tutto questo, vedo che occorre prudenza, attenzione, ma vedo anche che noi accettiamo tutto, passivi e supini, vedo la mia dirigente dirmi: qui sta cadendo tutto a pezzi, vedo che la vita si fa virtuale, ma di più: parvenza, vedo la paura, vedo l'anarchia, vedo i detti e i contraddetti di ogni giorno, vedo le ordinanze smentite da sentenze, vedo le sentenze bloccate da decreti e da zone colorate che generano altre sentenze, vedo l'emergenza che si fa stato, stasi, vedo la lingua sempre più dissolta in acronimi (did dad fad cts ats rt steam...), in marche, slang, borborigmi (teams, zoom, meet, call, webinar, droplet...), vedo la scuola chiusa anche quando è aperta, vedo me che faccio lezione con metà studenti in aula e metà a casa asserragliati in un video, (senza vedere veramente né gli uni né gli altri, ma vedo si deve dire: evviva, la scuola è aperta!), vedo le norme e le regole proliferare e sovrapporsi elidendosi, vedo le leggi farsi gride, vedo le pagine del «celebre delirio» sempre più attuali (ma tanto non posso spiegarle ai miei studenti come si deve), vedo l'arrivo dell'ennesimo messianico uomo della provvidenza, l'ennesimo avatar serpentino del *mortal god,* vedo che mi resta in mano la maniglia della porta della toilette-docenti, vedo, ancora ancora e soprattutto, la paura, i suoi spettri, vedo l'edificio del Dante Alighieri sempre più spettrale, vedo la bruttezza di questi luoghi anonimi, vedo che si sta normalizzando e fatalizzando ciò che non è vero, ciò che non è umano, vedo che si vuole un ritorno a una normalità che mai lo è stata, vedo che la distopia domina, vedo che una fantascienza da trash-movie è diventata realtà... Vedo che tocca a me entrare in aula («in quale mi metto?» chiedo alla bidella Francesca. «In quella che vuole professore, qui sta cadendo tutto a pezzi»), da solo, parlare da solo, in un video solo, con volti di giovani soli, tutti soli anche quando li vedi tutti con la griglia grande della piattaforma.

Ma non vedo solo queste cose, fuori e dentro la piattaforma delle solitudini e in questi corridoi, che sono sempre più virtuali, dematerializzati anche loro, da sfondo personalizzato, da videogioco, un po' come in *Minecraft*, cui mio figlio giocava da piccolo.

Vedo che il buon senso sembra pazzia, vedo che l'artigianato di un difficile ma possibile ricominciamento sembra pessima fantascienza, vedo questa tremenda inversione per cui ciò che è irreale diventa reale e ciò che è reale sembra l'opposto, e irrazionale.

Allora inizio a vedere meglio. Più in profondità. Forse perché gli occhi hanno anche una modalità più ampia e vasta, non solo esteriore. Una modalità che i ciechi, i poeti veggenti, le persone attente e interiori conoscono. Occhi aperti-chiusi. Una vista-cieca che vede meglio della vista-vista.

Vedo la realtà di un progetto di ricostruzione, sì, anche della scuola, anche a partire da lei, come degli ospedali, tutte realtà essenziali e in questi anni sventrate, perseguitate, umiliate, vilipese. Vedo aule più grandi e classi meno numerose tutte presenti (ci vuole un esserino piccolo per farci comprendere che trentatré giovani stipati in un'aula bunker non vanno bene? E non solo per la sicurezza, ma anche e soprattutto per l'educazione), vedo luoghi riqualificati, vedo fabbriche e caserme abbandonate restituite alla dignità di scuole, vedo assunti nuovi insegnanti, nuovi bidelli, vedo una politica che sa vedere con uno sguardo triennale e oltre, vedo che torna al centro il bene comune, non il capitale...

Non vedo l'aleph... ma vedo!

«Ehi, GV, sei incantato, stai sognando?» mi dice sogghignando la collega di scienze, che mi vede perso alla finestra dell'aula insegnanti.

(A proposito, ormai non ci si chiama più per nome e cognome, io sono GV, o VG, G., V., G.V., vg, ecc., ecc., la vedete no questa cosa?).

«Magari avessi le visioni!» le rispondo pronto e sorridente. Probabilmente il sorriso non lo vede come io non ho visto il suo sogghigno che pure c'era. Lei mi guarda stralunata e sulla sua vignetta-nuvoletta deve esserci scritto qualcosa come: «questo sta sbiellando» o simili.

Esco dall'aula insegnanti. Chiedo a Francesca, sempre gentile: «Francesca c'è un'aula libera, dove posso stare un attimo tranquillo?».

«La III C, prof., non ci va nessuno fino alla fine della mattinata».

La ringrazio e mi dirigo nella III C. Entro. Chiudo la porta. E mi metto alla finestra. Non sto sognando. Sto solo vedendo. E non vi vedo solo il cortile brutto della seconda entrata, gli edifici spogli e grigi, i tetti scoloriti, le antenne, i comignoli, il cielo rhodense disfatto. No. Mi si squaderna ben altro. Forse mi sto allenando con questa seconda vista, forse sto migliorando un poco. Forse dovremmo riscoprirla tutti, perché l'abbiamo in dotazione, senza wifi, connessione, occhialini, abbonamenti, ecc.

Vedo che questo esserino così minuscolo ha messo a soqquadro un sistema violento e fragile, vedo il re nudo, vedo il titano dai piedi di argilla, vedo la nostra arroganza e la nostra scarsa intelligenza della vita, vedo che non c'è un complotto ma mille e mille concause ramificate perché tutto questo sia potuto accadere e continui, vedo la totalità di questa bolla che da anni decenni secoli ci ingabbia, vedo che questa totalità è totalitaria in modo nuovo, vedo che l'esteriorità di ciò che non conviene alla bolla è negata, dimenticata, rimossa, uccisa, perseguitata, vedo milioni e milioni di flussi di dati ovunque, vedo i virus dell'anima, dell'immaginazione, dell'intelligenza, che mi spaventano più di quelli biologici, vedo i bollettini di numeri di ogni giorno, astratti e senza storia, vedo il vecchio Klemperer che ci guarda e scuote la testa, vedo che, qui al Dante Alighieri, Dante non ci mette piede da un sacco di tempo, anche se lo nominiamo sempre, vedo ghiacciai che si sciolgono, vedo il ghiaccio e il Cocito di questa visione del mondo che ci attanaglia lividi e morti, vedo i bambini rinchiusi addomesticati e massacrati, il loro presente, il loro sorriso, vedo che non abbiamo futuro, questo futuro! Altro che sogni, sembrano incubi lucidi e desti questi!

...per un istante non sento e non vedo più nulla. Mi sembra di essere diventato *tabula rasa.* Forse semplicemente non ci sono più. Ci sono solo loro: Leopardi e la sua ginestra profumata di umiltà, fierezza e beltà, che ci grida la social catena, il Poeta che spalanca i tre mondi, mentre ricaccia la lupa dentro gli inferi per la coda, tra sommovimenti di energia indicibili, Manzoni, lucidissimo e di ironia giusta (che bel sorriso ha!), Encolpio indignato perché abbiamo fatto instupidire i ragazzi per i troppi saperi vani, Tasso pieno di passione che riscrive per la terza volta la *Gerusalemme* dove gli infedeli siamo noi, e poi c'è Joyce, un altro cieco o quasi che vede e sente la lingua e le parole come il corpo della sua Nora, e arrivano sempre più numerosi, selva di spiriti grandi e spessi... eccoli, Omero, Virgilio, Ildegarda, Petrarca, Ariosto, Fichte, Hegel, Marx, Bohr, Planck, e poi Simone, Etty, Maria... Non li puoi contare. Ovunque si sentono i loro sussurri fantastici: «Ve l'avevamo detto, vedete?, mutate, cambiate, abbiamo sbagliato anche noi, lo sapevamo, non lo vedevamo abbastanza..., vi diamo le nostre mani, prendetele, abbracciateci, prolungateci, fatevi carico, lanciate la storia in una nuova direzione...», innumere voci in questa concordia discorde, mai babelica ma sempre in innalzamento, con i girotondi dei bimbi festosi nel capolino di un grande girasole.

Torno qui. Ora, adesso. Cosa è successo?

Davanti a me sempre la finestra della III C.

La bella scola, gli spiriti magni sono scomparsi. Meglio: io non li vedo più.

Ma so cosa ho visto, sempre meglio, più cessavo di vedere nel modo solito, più vedevo oscuro. Ho visto un varco.

La scuola, se è vera, lo fa intravedere. Se è falsa lo occlude. La scrittura, quando è sorgiva, lo allarga ancora di più.

Il varco c'è sempre. È un istmo. Un passaggio. Un luogo concretissimo dove sogno e azione, prassi e contemplazione, vivi e morti, ragione e intuizione si danno la mano.

Lì, in quella radura, in quella selva incontri Dante e le classi di dodici-quindici ragazzi, le grandi ispirazioni dei poeti e le azioni praticissime dei rivoluzionari, le mani degli esseri immaginali e le nostre.

Dove siamo noi?

Il varco è qui.

Gli autori, le autrici

VELIO ABATI. Ha fondato e diretto fino al 2006 la Fondazione Luciano Bianciardi. Dal 2012 organizza i Colloqui del Tonale nella campagna di Grosseto; collabora a «il manifesto». Tra gli ultimi volumi di critica: la *Bibliografia* del Meridiano su Andrea Zanzotto; la curatela di Franco Fortini, *Un dialogo ininterrotto. Interviste 1952-1994* (Bollati Boringhieri, 2003). Tra le ultime raccolte di poesia: *Questa notte. Canzoniere* (Manni, 2018). Tra i volumi di narrativa: *Considerazioni inattuali di un viaggio in Cina*, introduzione di Franco Fortini (Quaderni Toscani di Democrazia Proletaria, 1986); *Domani* (Manni, 2013); *Fughe* (Manni, 2020).

ILARIA AGOSTINI. Urbanista attivista, è ricercatrice presso il Dipartimento di beni culturali dell'Università di Bologna. È docente nel dottorato in Ingegneria dell'architettura e dell'urbanistica (Università Sapienza) e *directeur de recherche* nel Centre de recherches interdisciplinaires en sciences sociales et humaines dell'Université Paul-Valéry Montpellier III. Le sue ricerche vertono sui temi della vita situata: ambienti urbani e rurali, politiche e modi della trasformazione territoriale, resistenze progettanti che si autorganizzano sul territorio. Con Enzo Scandurra ha scritto *Miserie e splendori dell'urbanistica* (DeriveApprodi, 2018). Fa parte della redazione de «La Città invisibile», «Machina», «Scienze del territorio».

ANNA ANGELUCCI. Insegnante di Lettere nei licei, impegnata nella difesa della scuola pubblica statale. Si occupa, in particolare, di didattica e valutazione. È tra gli autori di *Aprire le porte. Per una scuola democratica e cooperativa* (Castelvecchi, 2018) e ha scritto, insieme a Giuseppe Aragno, *Le mani sulla scuola. La crisi della libertà di insegnare e di imparare* (Castelvecchi, 2020).

GIUSEPPE ARAGNO. Docente di Lettere nelle scuole statali, ha collaborato con la cattedra di Storia contemporanea della Facoltà di Scienze Politiche dell'Università Federico II di Napoli. Insegna presso la Fondazione Humaniter. Nel 1996 ha vinto il Premio Laterza. Ha scritto, tra l'altro, *Antifascismo popolare. I volti e le storie* (manifestolibri, 2009); *Antifascismo e potere. Storia di storie* (Bastogi, 2012); *Le Quattro Giornate di Napoli. Storie di antifascisti* (Intra Moenia, 2017) e, con Anna Angelucci, *Le mani sulla scuola. La crisi della libertà di insegnare e di imparare*, introduzione di Piero Bevilacqua (Castelvecchi, 2020).

PIERO BEVILACQUA. Storico e scrittore, già professore di Storia contemporanea all'Università Sapienza di Roma. Con Castelvecchi ha pubblicato: *Sul confine* (2018), *Il sole di Tommaso* (2018), *Ecologia del tempo* (2018), *Il volo e il labirinto* (2019), *Baruch l'infernale. Spinoza e la democrazia degli uguali* (2020). Ha inoltre curato il volume: *Aprire le porte. Per una scuola democratica e cooperativa* (2018).

ROBERTO BUDINI GATTAI. È architetto e urbanista. Ha insegnato Progettazione urbanistica alla Facoltà di Architettura di Firenze. Si è dedicato agli studi di morfologia storica della città europea, in particolare nella Toscana del tardo Medioevo. Si è occupato di restauro di giardini e di edifici rurali storici. Tra gli scritti: il progetto alternativo per una stazione Av in superficie, a Firenze, pubblicato in *Tav sotto Firenze* (Alinea, 2011) e il saggio su *La forma e il progetto della città*, in *Urbanistica Resistente nella Firenze neoliberista*, a cura di Ilaria Agostini (Aion, 2016). Dal 2015 fa parte del Laboratorio politico perUnaltracitta e collabora con la rivista online «La Città invisibile».

SALVATORE CINGARI. È professore ordinario di Storia delle dottrine all'Università per Stranieri di Perugia. Nel 2001 ha vinto il Premio nazionale Basilicata. *Visiting professor* nel 2010 all'Università del Cairo, si è anche occupato del rapporto fra intellettuali, scuola e università, pubblicando alcuni saggi e il volume *Un'ideologia per il ceto dirigente. Pensiero e politica al liceo Dante di Firenze* (Olschki, 2012). Si interessa di teoria politica: *Lessico post-democratico* (Perugia Stranieri University Press, 2016). Oltre che del pensiero politico di Benedetto Croce si è occupato di Capitini, del nazionalismo italiano e soprattutto di Antonio Gramsci. Dirige la collana «Studi di storia del pensiero politico italiano» per la casa editrice Mimesis e «Storia e critica delle idee» per la Perugia Stranieri University Press. È membro di comitati scientifici fra cui quello della rivista «Il pensiero politico».

TIZIANA DRAGO. È grecista presso l'Università di Bari, attivista, blogger. Studia la letteratura erotica antica, l'epistolografia, le strategie allusive e le dinamiche intertestuali nelle letterature classiche. Collabora alla stesura dello *Handbuch der griechischen Literatur der Antike,* diretto da Bernhard Zimmermann e Antonios Rengakos e della nuova edizione dell'*Oxford Classical Dictionary*. Si interessa di conoscenza nella scuola e nell'università: delle politiche che la limitano e dei movimenti in cui resiste. Attiva nell'Officina dei Saperi, è tra gli autori di *Aprire le porte. Per una scuola democratica e cooperativa* (Castelvecchi, 2018). Collabora a vari blog e diverse riviste («MicroMega», «il Tetto», «Meno di zero», «Inchiesta», «La città futura», «laletteraturaenoi»). Scrive per il quotidiano «il manifesto».

PATRIZIA FERRI. Vive e lavora a Roma. Ordinaria di Storia dell'arte contemporanea presso l'Accademia di Belle Arti di Roma; docente del Collegio di Dottorato di Ricerca in Ingegneria dell'Architettura e dell'Urbanistica, e Tecnica Urbanistica presso l'Università Sapienza. È stata segnalata dal «Giornale dell'Arte» nel dossier dedicato ai critici d'arte più interessanti della sua generazione. Rappresentante del Miur nella Commissione di revisione della Legge del "due per cento"; ha collaborato con il Dipartimento Progetti speciali del Macro, con MacroAsilo e con il Maxxi. Conduttrice e consulente per programmi televisivi e radiofonici sull'arte; autrice e direttrice artistica per case editrici; scrive su riviste specializzate e scientifiche di settore e testate nazionali.

MARIO FIORENTINI. Insegna Istituzioni di diritto romano al Dipartimento di scienze giuridiche, del linguaggio, dell'interpretazione e della traduzione dell'Università di Trieste. I suoi campi di interesse riguardano la storia giuridica di Roma arcaica, la gestione dei beni comuni, i rapporti tra il diritto romano e il mare e più in generale l'ambiente, quelli tra diritto e religione e l'uso del diritto romano nella prima età moderna, in specie per la repressione del dissenso religioso. Ha pubblicato, tra l'altro, *Fiumi e mari nell'esperienza giuridica romana. Profili di tutela processuale e di inquadramento sistematico* (Giuffrè, 2003); *Culti gentilizi, culti degli antenati*, in «Scienze dell'antichità»; *Il giurista e l'eretico. Critica delle fonti e irenismo religioso nella prima età moderna*, (Aracne, 2016); *Res communes omnium e commons. Contro un equivoco*, in «Bullettino dell'Istituto di Diritto Romano "Vittorio Scialoja"».

WALTER LORENZONI. Insegna Storia e Filosofia al liceo classico di Grosseto. Si è occupato di antropologia filosofica (Arnold Gehlen e Max Scheler) e di teoria della società (Vilfredo Pareto e la sociologia del primo Novecento). È stato membro del comitato scientifico della Fondazione Luciano Bianciardi, dirigendone per sette anni il periodico «Il Gabellino». Nel 2005, per la Società Editrice Fiorentina, ha curato il volume *Riviste di cultura e industria della comunicazione*.

LAURA MARCHETTI. È professoressa di Didattica delle culture all'Università di Reggio Calabria e coordinatore del Centro per la complessità dell'Università di Foggia. Ha numerose pubblicazioni sul pensiero simbolico e sull'educazione alla natura e all'immaginario. Ecologista e pacifista, è stata Sottosegretario all'ambiente nel secondo Governo Prodi. Collabora con «il manifesto».

IGNAZIO MASULLI. È stato professore ordinario di Storia del Lavoro all'Università di Bologna. È membro di vari istituti di ricerca internazionali. Ha scritto libri e saggi sulle trasformazioni economico-sociali e le vicende politiche dei principali Paesi europei e di altri continenti in età contemporanea. Ultimamente studia le migrazioni internazionali del XXI secolo. Tra le sue pubblicazioni principali, *Chi ha cambiato il mondo? La ristrutturazione tardocapitalista, 1970-2012* (Laterza, 2014); *Welfare State e patto sociale in Europa, 1945-1985* (Clueb, 2003); *La storia e le forme. Auto-organizzazione dei sistemi naturali e sociali* (Editori Riuniti, 1991); *Nature and History: The Evolutionary Approach for Social Scientists* (Routledge, 2020).

FRANCESCO NOVELLI. Ha insegnato nei licei. Ha partecipato alla nascita (1990) del Circolo del Cinema La grande Illusione. Ha collaborato, dal 1991 fino al 2009-2010, con gli ex Irrsae Molise, promuovendo e prendendo parte, in qualità di docente, a corsi di aggiornamento per insegnanti di ogni ordine e grado sulle seguenti tematiche: «Cinema e scienza» (1991); «Cinema e Illuminismo» (1996); «Cinema e fiaba» (1996); «Cinema e Romanticismo» (1997-1998); «Educazione alla Cittadinanza Europea» (2005-2006); «Amico libro – Scrittura creativa» (2009-2010). Ha contribuito alla pubblicazione dei *Quaderni* collettanei *Cinema e scienza* (1993); *Cinema e Illuminismo* (2002); *Cinema e fiaba* (2002). Ha preso parte alla pubblicazione del libro collettaneo *Il coraggio di esplorare* (Cittadella Editrice, 2020). Ha pubblicato articoli su «Il Ponte», «Il Bene Comune» e dal 2009 scrive su «La Fonte», il periodico mensile dei terremotati e di resistenza umana.

ROSSANO PAZZAGLI. Insegna Storia del territorio e dell'ambiente all'Università del Molise e dirige la Scuola di Paesaggio Emilio Sereni presso l'Istituto Alcide Cervi. Esponente della Società dei Territorialisti, è stato direttore dell'Istituto di Ricerca sul Territorio e l'Ambiente Leonardo di Pisa e del Centro di Ricerca per le Aree Interne e gli Appennini di Campobasso. Studioso del mondo rurale, è condirettore di «Glocale» e autore di numerose pubblicazioni, tra cui i volumi *Il Buonpaese. Territorio e gusto nell'Italia in declino* (Felici Editore, 2014), *Italia contadina. Dall'esodo rurale al ritorno alla campagna* (Aracne, 2018) e *La «nobile arte». Agricoltura, produzione di cibo e di paesaggio nell'Italia moderna* (Pacini Editore, 2020).

ANTONIO BATTISTA SANGINETO. Si è laureato a Siena. Ha condotto e diretto scavi e ricerche archeologiche urbane ed extraurbane in Toscana e in Calabria; ha partecipato come relatore a convegni nazionali e internazionali. Dal 2003 è professore aggregato di Metodologia della ricerca archeologica e di Archeologia dei paesaggi presso il Dices dell'Università della Calabria. Si è occupato dello studio della cultura materiale, di paesaggi agrari e urbani, soprattutto di epoca romana. Tra i suoi lavori: *Il vino e l'armonia dei paesaggi agrari dei Bruttii* (Monteleone, 2006); *L'anima allo specchio. Ovvero la percezione e l'uso delle antichità calabresi* (Monteleone, 2006) *Roma nei Bruttii. Città e campagne nelle Calabrie romane* (Ferrari Editore, 2013). Da più di venti anni svolge un'attività pubblicistica relativa ai temi dell'archeologia e del patrimonio dei beni culturali scrivendo su «il Quotidiano del Sud», «Liberazione» e «il manifesto».

ENZO SCANDURRA. Urbanista, saggista e narratore; già ordinario di Urbanistica presso l'Università Sapienza di Roma, direttore di Dipartimento, coordinatore di Dottorato di Ricerca. Si occupa di problemi legati alle trasformazioni della città e a Roma in particolare. Su questi temi ha pubblicato tra l'altro: *Splendori e miserie dell'urbanistica*, con I. Agostini (DeriveApprodi, 2018); *Biosfera. L'ambiente che abitiamo*, con G. Attili e I. Agostini (DeriveApprodi, 2020). Come romanzi ha pubblicato: *Vite periferiche* (Ediesse, 2012), *Fuori squadra* (Castelvecchi, 2017); *Exit Roma* (Castelvecchi, 2019); *La disgrazia* (Castelvecchi 2020). Membro del Cda della Fondazione per la critica sociale e del comitato di redazione della rivista «Luoghi comuni» (Castelvecchi), collabora al quotidiano «il manifesto».

FRANCO TOSCANI. Saggista e già docente di Filosofia a Piacenza, è membro del comitato scientifico della sezione Emilia-Romagna dell'Istituto italiano di Bioetica. Fa parte del consiglio di redazione della rivista «Testimonianze» ed è redattore della rivista «Filosofia e Teologia». Ha collaborato a riviste e a giornali come «il manifesto», «Quotidiano dei lavoratori», «Libertà», «Unità Proletaria», «La Balena Bianca», «aut aut», «Alfabeta», «Nuova Corrente», «AlfaZeta», «Studi Piacentini», «Città in controluce», «dalla parte del torto», «Qui – Appunti dal presente», «Testimonianze», «Filosofia e Teologia», «Dharma», «Odissea», «Koiné», «La clessidra», «La Stella del Mattino». Ha scritto due libri di poesie e, come autore o coautore, ha pubblicato testi filosofici. L'ultima sua pubblicazione è il saggio *Dante e "la caligine del mondo". Attualità di un classico* (Farina Editore, 2021).

GIANNI VACCHELLI. Narratore, scrittore e docente. Insegna in un liceo classico del milanese ed è contrattista all'Università Statale di Milano e all'Uniciels. I suoi principali oggetti di studio e di scrittura sono la narrazione, Dante, la Bibbia, il pensiero e l'opera di Raimon Panikkar (di cui è stato allievo), la mistica. Si è occupato di una riarticolazione di spiritualità, politica ed economia, nell'ottica di una nuova educazione liberatrice. Collabora con il quotidiano «Avvenire» e testate online. Tra i suoi libri: i saggi *Dagli abissi oscuri alla mirabile visione. Letture bibliche al crocevia: poesia simbolo e vita* (Marietti, 2008), con la prefazione di R. Panikkar, *L'«attualità» dell'esperienza di Dante* (Mimesis, 2015), *Dante e la selva oscura* (Lemma Press, 2018), *L'inconscio è il mondo là fuori. Dieci tesi sul capitalocene: pratiche di liberazione* (Mimesis, 2020) e *Dante e l'iniziazione femminile. Beatrice, Maria e altre 'dee'* (Lemma Press, 2020); i romanzi: *2081*, scritto con M. Bellosta (Mimesis, 2018), *Alice danza nella notte* (Bolis, 2018) e *La Stella dell'orso* (La Vita Felice, 2019). http://www.factotumagency.it/it/autore/gianni-vacchelli.

LUIGI VAVALÀ. È docente di Storia e Filosofia presso il liceo De Sanctis di Trani. Laureatosi a Pisa nel 1985, è autore di articoli e brevi saggi su Leopardi e Nietzsche. Membro effettivo del Seminario Permanente Nietzschiano, partecipa attivamente alle iniziative dell'Officina dei Saperi.

ARMANDO VITALE. Si è laureato in Filosofia all'Università di Pisa. Ha diretto per diciannove anni il liceo classico Galluppi di Catanzaro. Ha ideato il Progetto «Il Novecento a scuola» divenuto poi un libro con sua prefazione per Donzelli editore. Ha ideato e realizzato «Progetto Gutenberg – Fiera del Libro, della Multimedialità, della musica», che promuove la lettura e l'incontro con la cultura italiana e calabrese al liceo e nelle scuole della Calabria organizzate in Rete Gutenberg. È stato presidente dell'Irrsae Calabria. Ha diretto la rivista «FuturoScuola» e ideato e diretto per Rubbettino la collana «I saperi della scuola del futuro». Ha scritto, per riviste e volumi collettanei, recensioni, articoli e saggi su: scuola, autonomia, riforma; didattica della Storia; temi storici e filosofici. Ha curato e prefato il volume Donzelli *Reti a delinquere. Ndrangheta e altre mafie*. È presidente di Fondazione Imes Catanzaro e direttore artistico di SerreinFestival.

ALBERTO ZIPARO. Professore di Pianificazione urbanistica all'Università di Firenze. I suoi programmi di ricerca riguardano: l'impatto ambientale di programmi di opere; teorie e metodi di pianificazione ambientale, territoriale e paesaggistica. In tali ambiti ha coordinato e condotto ricerche sui progetti della megacentrale termoelettrica a Gioia Tauro, del ponte sullo Stretto di Messina, del sottoattraversamento ferroviario Av della città di Firenze e della mobilità sostenibile nell'area fiorentina. Ha fatto parte del coordinamento scientifico per la redazione e/o l'aggiornamento del Piano Territoriale Paesaggistico della Regione Siciliana, delle linee guida della Pianificazione della Regione Calabria e del Quadro Territoriale Regionale Paesaggistico della Calabria. È membro fino dalla fondazione del Lapei e della Società dei Territorialisti/e Onlus, del cui consiglio direttivo fa parte dal 2018.

Indice

Stampato da Fp Design s.r.l.
Via delle Baleari, 228 – 00121 Roma
www.fp-design.it
per conto di Lit Edizioni s.a.s.